Garantiert erfolgreich lernen

讀書別靠意志力

風靡德國的邏輯K書法

克里斯迪安・格綠寧／著　　莊仲黎／譯

引言
學會如何「學習」，讓你更有力量

在我的課堂上，一開始學員們常會提出這樣的問題：想要有很好的學習效率，一定要有過人的資質嗎？其實，你並不需要特別有天分或特別聰明，就能達到良好的學習成效。儘管每個人天生擁有不同的學習能力，而且從小就各有各的訓練與開發程度，我們還是能大幅提升自己的學習能力，不論處在哪個生涯階段或是生活環境。而且，只要我們掌握正確的方法，那些天資聰穎卻不懂得學習要領的人，遲早會被我們所超越。是的！現在就讓我們開始吧！

人的一生本來就是一個持續不斷的學習過程，除了學校裡大大小小的測驗與考試之外，還有在職訓練與個人私下的進修。俗話說，活到老學到老，可見每個人終其一生都必須不斷學習新知。恭喜你！當你讀完本書之後，你將學會如何提升自己的閱讀速度，而且更重要的是，你對於學習材料的內容會有更好的理解力。你能駕輕就熟地，以符合大腦運作的方式處理複雜的新進資訊，而且不費吹灰之力就能將它們與大腦知識庫裡既有的訊息連結在一起，把過去已經「建構」的知識「重新建構」，在決定性時刻加以取用。這套學習過程會輔以正確的時間管理。你會學到如何提升專注力，為重要的學習任務發出強烈的動機，而且沒有壓力。你覺得不可思議嗎？那麼，就讓我為你帶來一點驚喜！

我在本書裡不會使用冗長、沉悶卻對實際學習行為毫無助益的敘述文字。為了讓你能盡快掌握有效的學習方法，我在遣詞用字方面力求簡明扼要又不失陳述的完整性。此外，內容當中會交代這套學習方法的有效性是憑藉哪些基礎：它是多年學習經驗的結晶，為了找出最有效的學習技巧，我翻遍坊間許多在討論學習效率方面算得上論述嚴謹的書籍，參考無數相關的訓練課程，並且親自檢驗這些學習方法的實用性。

為什麼我會想找出一套對於學習者而言有效而實用的學習方式？這個動機，緣起於數年前我準備司法官與律師的國家考試時。這項大考也是德國大學法律系的結業考試，當時我因為在大學還有其他的主修，法律的專業訓練與學位對於我而言，並不很重要。而且，我那時已經成立了一家自己的公司，成天為了公司的事情忙進忙出，還必須經常到歐洲各地授課，主要是開授網頁設計與網際網路程式設計這方面的專業課程。因此，我當時能準備這項法律專業考試的時間實在少之又少。通常法律系學生在畢業的前一、二年，每個禮拜必須有六天的時間從早到晚安分地坐在書桌前K書，才有辦法應付這樣的考試，而且，這項大考的淘汰率頗高，往往會有過半的考生未能通過這項國家考試。由於我能準備考試的時間不多，相較於其他學生而言，準備考試的條件並不算好，所以，迫於當時的處境，我才開始積極地要找出比較有效率的學習方法。果如其然，我雖然在準備這項法律大考時，只投注很少的時間與精力，考試的總得分卻很高，成績的落點在所有考生當中屬於前百分之五的群組。

這個奇蹟似的學習成果讓我當時下定決心，要創立「格綠寧學院」，把我所使用的一些學習妙招藉由私人授課的方式跟大家分享。招生對象並不限於法律系學生，而是針對每一位有學習需求的人，不管是因應學校或職場的要求，或是純粹基於個人的興趣。學習的領域與內容為何並不重要，因為這套高效率學習方法的重點並不在於要學習「什麼」，而是探討該「如何」學習。

如果我在準備國家考試時，有人提供這樣的研習課程，我一定會很高興地報名參加。坊間關於學習方法的書籍與課程琳瑯滿目，我只能拼湊地使用一些當時我認為最好的學習方法，根本毫無系統可言。當時我所接觸過的關於學習技巧的書籍，大致可分為兩種：第一種是關於有效學習的書籍，其內容極富啟發性並且激勵人心，但是對於實際的學習並無太大的幫助。例如，坊間有許多關於記憶訓練與速讀技巧的書籍是誇大不實的，讀者起先會相信那些作者的吹噓，相信已經找到了學習的捷徑，所以剛接觸這些學習理論時，會感到傾心振奮。不過，當讀者後來發現，整套理論聽起來頭頭是道，實行時卻沒有獲得真正的助益時，隨後的失望也就更大。此外，還有另一類的書籍，它們在理論上比較嚴謹，比較具有科學根據，雖然銷售的狀況不好，可是在探討學習的現象與問題時，比前一類的書籍還要務實。我在本書的某些地方，會簡單介紹在學習研究領域上一些重要的成果，然後再根據自己實際學習的經驗，提出實際可行的操作方法。畢竟從理論跨越到實際層面，需要一點慧心巧思，而且需要自己想辦法。

目前雖然有許多記憶、心智圖法、時間管理等等個別學習主題的書籍與訓練課程，不過這些作者卻未能進一步討論這些個別學習元素在整體的學習過程當中彼此的關聯性，因此我們無法對於這類書籍做適當的評斷。

我在「格綠寧學院」開設了一些關於學習方法的講習課程，為了課堂研習的需要，我製作了一張學習流程圖。這個流程圖涵括了高成效的學習所應具備的各個面向：從如何吸取新知到運用這些已習得的知識。「格綠寧學院」訓練課程在開辦第一年便有一萬名以上的學員，從中受益的人數持續增加，本書便是從這套學習訓練課程發展出來的。

推薦「結構式閱讀法」

在我受邀到大型企業談論「知識管理」這個專題時，我注意到，有效的知識管理所經過的各個階段與順序，其實與學習過程一樣。

首先，讓我們先概略地談談一個整體的學習流程包含哪些階段：在學習流程的第一階段，學習者必須先做資訊的概覽。閱讀效率愈好的人，瀏覽內容也就愈容易。在這個階段，若能運用各式各樣的閱讀技巧，會更有幫助。「速讀」是我們在閱讀方面最耳熟能詳的專有名詞，然而我認為這個概念並不恰當，因為有效率的閱讀不應如一般人

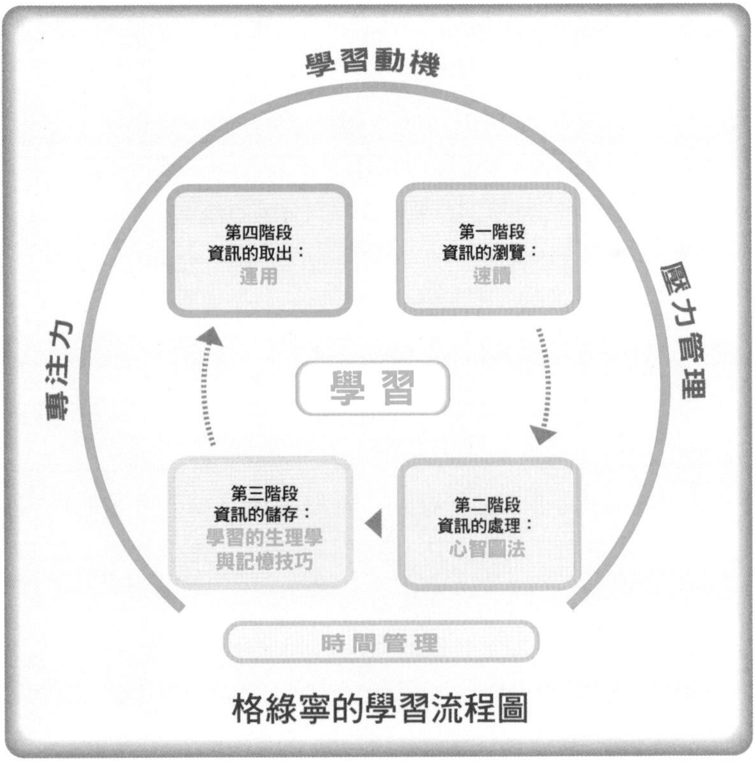

格綠寧的學習流程圖

錯誤的認知，只是一味講求速度，快速地把內容從頭到尾看過一遍即可，而是要用更多的理解力與更好的記憶力來閱讀。有效的閱讀方式，不只可以節省許多閱讀的時間，還會讓學習者更能掌握閱讀的內容，即使閱讀速度增快，也不漏掉任何一個字。神經醫學的研究還進一步證實，資質普通的讀者只要使用正確的方法，就能讓原來的閱讀速度加快三倍之多，而且，對於書本內容的掌握與吸收能力也可以獲得改善。當然，要獲得這個成果的前提是，學習者必須使用正確的閱讀技巧。我個人認為，「結構式閱讀」這個概念在這裡會比「速讀」更為合適。很快地，你就會在本書中學到「結構式閱讀」這個方法。

學習第二階段的主要任務，是如何讓學習者以符合人類大腦的結構傾向及運作方式，來處理學習內容。由於大腦儲存訊息具有其結構性，傳入的訊息若能被腦部處理得愈精細，也就愈能被腦部所吸收。在這個階段，學習者如果能夠使用「結構式圖卡」，就能獲得愈高的學習效益。例如，上頁那張揭示完整學習流程的圖表，就是一種「結構式圖卡」。學習者把主題寫在圖卡的中央，再從這個核心點出發，向外擴展衍生出所有與之相關的想法。「結構式圖卡」的知識呈現方式與大腦處理訊息的架構相仿，學習內容的枝節部分，則依這些枝節與中心要點之間的關係而呈放射性的分布，而之後的內容複習工作，也是按照這種主題的架構由內而外地進行，關於這一方面，我會在後面的章節繼續討論。

這是一種高效能而且經多年實際運用的資訊處理技巧。如何以適合人類大腦的方式更有效率地學習、工作？這個問題從有人類文化史以來，就一再受到討論。歐洲舊石器時代的洞穴壁畫，便是環圍著一個中心點，採用輻射狀構圖。古希臘哲學家亞里斯多德也曾談到人類藉關鍵詞增進記憶的方法（我所提出的「結構式圖卡」便是基於這個原則）。後來，有許多人對於這種摘記內容重點的筆記法，提出許多不同的專有名詞，其中以英國著名的心理學家東尼・博贊（Tony Buzan）於一九七〇年代所發明的「心智圖法」最為重要。「心智圖法」是博贊先生依據人腦的特質所發展出來的，在這類學習方法的討論當中，目前這個專業概念最為普及，接受度也最高，所以，本書也採用這個專有名詞。我所提出的「結構式圖卡」則是「心智圖法」的同義辭，我在本書中使用「結構式圖卡」這個名詞的用意，主要是為了延續我對「結構式閱讀」的想法與做法。

學習的第三階段是儲存訊息，這個階段經常與熟記內容有關，通常被視為最耗費精力的階段。不過，實際的情形卻剛好相反！只要掌握正確的技巧，資訊內容的儲存反而可以帶來許多學習的樂趣，而且易如反掌，一點都不吃力！

第四階段，也就是學習的最後一個階段，則是在討論如何讓一些學過的知識在決定性時刻能即時取用。當然，這是所有學習行為的最終目的。一個整體的學習流程是由一些核心能力所組成的，學習過程除了有這些能力支撐之外，正確的時間管理也是提升學習成效的要件：無法掌握時間的人，也就無法掌握學習；沒有學習目標，沒有學習計畫，沒有依訊息的重要性安排學習的先後順序，這些錯誤的學習行為會讓你白白花費許多時間與精力。正確的時間管理可以幫助我們有效利用自己的時間，讓自己能騰出更多的休閒時間，並且能安心地享受這種悠閒。除此之外，學習動機也是很重要的學習環節，如果你缺少學習動機，你就會覺得在書桌前讀書是件苦差事。如果你能擁有一些強化學習動機的要素，你就不會再推遲或抗拒該完成的學習任務。你會立刻著手，並且很果決地把它們完成。

專心致志的態度，會讓你在讀書學習時把注意力集中起來，並且把焦點放在研讀的材料上。如果你能專注地學習，讀書時，思緒就不會開小差，也不會因為漏讀某些段落而必須再重新讀過一次。如果學習材料的篇幅與難度超過我們的能力範圍，我們就會處在壓力狀態，壓力會阻礙我們的思考，因此，快速讓自己解除壓力也是很重要的學習面向。只有紓解壓力，我們才能重新開始吸收新的資訊，並且回復既有的思考能力。

總之，我會在本書中教你學會上述所提及的每一種學習技巧與學習能力，特別是它們彼此的連貫性。

學習階段是互相連結的

許多人抱怨讀過的東西記不住，認為最大的問題是在於訊息的取用，也就是「重新建構資訊」的階段。這種看法並不完全正確，其實錯誤是在先前的學習階段開始的：如果學習內容能在研讀時就正確地處理並儲存下來，也就是說，能把資訊正確地在大腦的資訊庫中建構起來，當學習者需要這項訊息時，便能輕易地提取出來（重新建構訊息）。學過的知識能否成功地取用，關鍵在於儲存訊息的階段是否用符合學習效率的方式細膩地處理過，換句話說，學習者若要有效地記住這些訊息，就必須在先前的階段，以符合大腦結構與運作的方式處理這些學習內容。而且，在處理這些資訊時，必須在瀏覽的階段就要成功地理解這些訊息。由此可見，每一個階段都是以先前的階段作業為基礎，如果我們想讓自身的學習達到最高的成效，就必須注意每一個階段有哪些特定的基本原則，應該使用哪些學習技巧。可惜的是，在正規的教育體制當中，從小學到研究所，從沒有教導學習方法的專屬課程，在此，我誠摯地希望，本書的出版能多多少少補救這個普遍的學習缺憾。

我在本書中，會依照先後順序來說明一個整體學習流程的各個階段。你也可以直接從你最感興趣的部分著手，比方說，對時間管理最感興趣，也可以先從那個章節開始讀起。如果你關心的是全部的學習過程，在此建議你，不妨按照本書所編排的順序從頭讀起。當你在閱讀本書時，若能用瀏覽的方式快速地掌握各個階段的任務以及應具備的能力，這將會為你的閱讀帶來更多的變化與多樣性。下列這張圖表所呈現的，是一個整體學習流程的結構及其細部內容，它可以幫助你在閱讀本書時，隨時掌握住全書內容的梗概。我會依序解說各個內容要點，讓你能完全掌握每個學習步驟以及彼此間的關聯性，並且實際地操作相關的學習技巧。

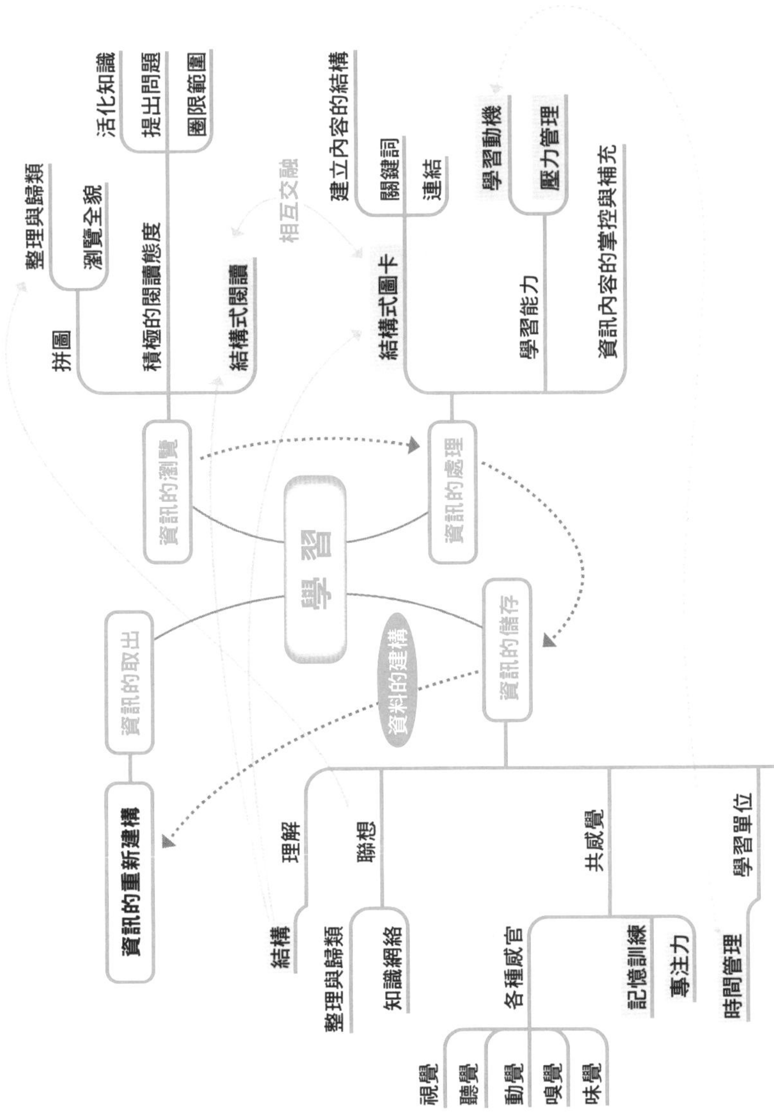
學習
資訊的瀏覽
拼圖
整理與歸類
瀏覽全貌
積極的閱讀態度
活化知識
提出問題
圈限範圍
結構式閱讀
相互交融
資訊的處理
結構式圖卡
建立內容的結構
關鍵詞
連結
學習能力
學習動機
壓力管理
資訊內容的掌控與補充
資訊的儲存
資料的建構
理解
結構
整理與歸類
聯想
知識網絡
共感覺
各種感官
視覺
聽覺
動覺
嗅覺
味覺
記憶訓練
專注力
學習單位
時間管理
有規律的複習
資訊的取出
資訊的重新建構

格綠寧的學習流程圖

1

學習流程的第一階段：

資訊的瀏覽

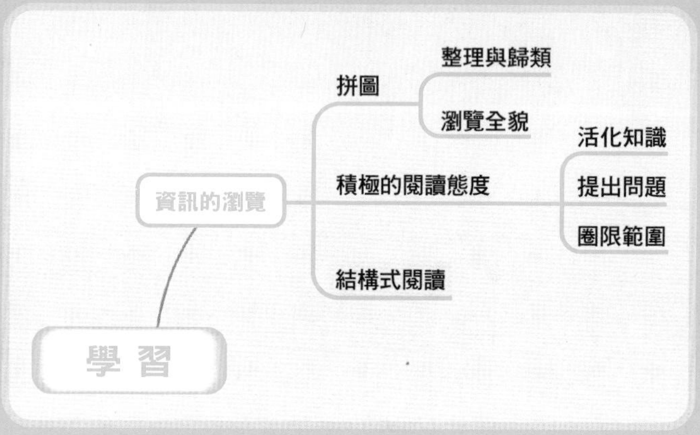

資訊的瀏覽——結構式閱讀

學習第一階段的主要任務，就是資料的瀏覽。由於我們現今處於知識爆炸的時代，這個工作並不輕鬆。現代人是否已經發展出一些學習方法來因應這種知識氾濫的現象呢？沒有！我們現在所使用的學習技巧，還停留在我們祖父母的那個年代，根本沒有進步。

如果你現在手邊有一堆書要看，你還是要花時間研讀這一章。因為，我所介紹的高效率閱讀方法，不僅可以讓你的閱讀速度加快二至三倍，還可以大幅提升你對於內容的理解力。如同我先前所說的，速度並非提升閱讀效率的關鍵。如果速讀會降低人對於內容的理解力與記憶力，那麼，提高閱讀速度又有何助益呢？因此，在這個瀏覽資料的階段，我主張應該採用能兼顧理解力與記憶力的「結構式閱讀」，而不是只著重閱讀速度的「速讀」。

你將可以在本章學會如何提高閱讀速度，並且在閱讀時精確地抓住一本書或一份資料的內容結構，以利大腦儲存這些訊息。此外，你還可以改善自己的閱讀能力，否則你會在較快的閱讀速度下，自然而然地降低對於內容的理解力。美國著名導演伍迪．艾倫就曾開過這樣一個玩笑：「我在半個小時內把托爾斯泰的長篇小說《戰爭與和平》全看完了！」旁人好奇地問道：「有什麼收穫呢？」這位電影界的怪才毫不遲疑地答道：「那是一部與俄國有關的作品。」

很快地，你閱讀書籍的速度將會是原來的二至三倍，而且，只要你願意跟著做一些練習，你會比那些讀起書來緩慢而吃力的人更能理解書本的內容。加快閱讀速度時，理解力就會跟著降低，這是個常見的錯誤觀念。你將可以親自體驗到，循著意義單位所進行的閱讀，理解力反而會隨著閱讀速度的加快而增強！在本書中，你還可以學到，如何在閱讀時，自行在腦海中繪出一些與內容相關的「結構式圖卡」。這類圖卡並非紙上的作業，而只是一種心像的視覺聯想，因為不用動筆，可以為你節省許多寶貴的時間，同時提高你的結構性理解力，因此，我將這套結構性的閱讀方法稱為「結構式閱讀」。當我們要開始這個很不一樣的閱讀過程時，首先讓我們來看看，應該要完成哪些準備的工夫。

① 預備工作

如果你看書的習慣是按部就班地從第一頁翻到最後一頁，我會認為你是比較沒有閱讀效率的學習者。閱讀就好比拼圖一樣：拿到拼圖，通常會先瞧瞧包裝上的圖案，到底拼圖的主題為何？是一片花海？還是一艘帆船？對拼圖遊戲比較沒有把握的人會先數算圖塊的總數，然後再從最簡單的部分著手：先找出拼圖四個直角上的圖塊（有

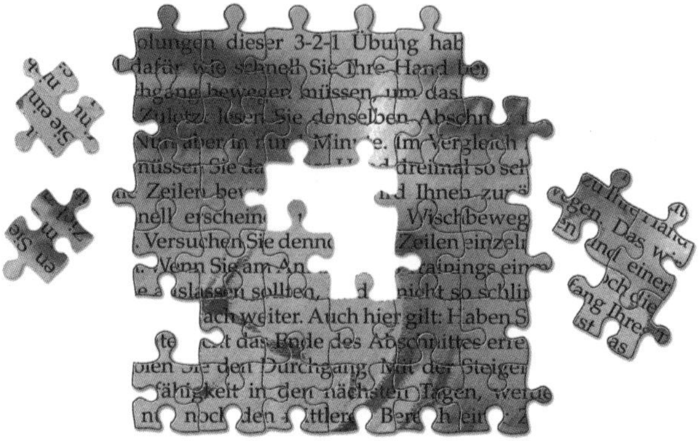

兩個邊是直邊的拼塊），然後再找出位於四個邊上的圖塊（有一邊帶有直邊的拼塊）。

這時，拼圖已浮現出框架，接著可以從比較容易組合的地方著手，特別是那些帶有相同顏色或是某個主題的拼塊。然後再去拼湊出難度較高的地方，最後，即使碰到最難的部分也不會棘手難解了！玩拼圖時，人會自動地使用這些步驟把全圖拼湊出來，但是，卻不會把這個程序應用在書本的閱讀上。其實，學習的預備過程跟拼圖沒什麼兩樣。

分類整理

就如同在玩拼圖時，你會先看看印在包裝上的全圖，在閱讀一本書時，也應該先掌握住書本內容的大要，而且，這個綱要最好能用「結構式圖卡」呈現出來。關於結構式圖卡的理論與方法，我還會在下一章「資訊的處理」中，做詳細的解說與實例的示範。目前對於本書讀者最具體的例子是本書第013頁的那張圖表，那就是一張針對本書全部內容的結構式圖卡。當你在閱讀本書期間，可以隨時參考這張依照「整體的學習流程」所建構出的圖表，才不至於在閱讀時見樹不見林，失去方向感。

把一本書在既有的知識領域中做歸類與定位，這個動作是很重要的，特別是當你在準備一項考試時。閱讀與進入叢林探險並無二異，沒有將新知識做分類整理，就好比你進入一座叢林，裡面沒有任何標誌可以供你辨識方向，或是你的身上沒有攜帶指南針和地圖，這時，你可能會因為沒有方向感而心裡感到不舒服。人類的大腦中有一個部位，也就是「緣腦」（又稱作「邊緣系統」），每當人遇到不熟悉、不清楚的事物，無法掌握其全貌及梗概時，它就會出現恐懼的反應。

因此，如果無法將新進的訊息做定位與歸類，「緣腦」就會發出負面的情緒反應，人就會開始慌張失措，覺得這份材料內容超出了能力範圍。現在讓我們來談談所謂的「緣腦」。

⊙ 緣腦

動物的腦部經歷了一段很長的演化過程。我們可以從演化的過程與腦部構造的變化來看人腦形成的三個演化階段。

人腦中最古老而原始的部分為「腦幹」，這也是低等脊椎動物腦部的主要構成部分，例如魚類，特別是爬蟲類動物，像蜥蜴、龜類等，因此這個部分也被稱為「爬蟲腦」。

「爬蟲腦」並不具備學習能力，它的存在主要與生存的本能有關，比方說，某些自我防衛的機制以及日常生活的習慣：在圖書館中固定坐在某個位子上，或是在自用車和辦公室裡用私人物品標示出屬於個人私有的空間。在學習方面，如果學習者承受過多的壓力，覺得不堪負荷時，他的身心狀態就會退回至「爬蟲腦」，不再具備學習能力。這時，血液會從大腦的外部向內回流至腦幹（即爬蟲腦），無法再學習與吸收新的訊息。這時，學習者便無法再思考與吸收新的知識。對現代人而言，這一類的威脅大多來自考試、職場表現，或是來自與配偶或上司相處的壓力。至於如何在最短的時間內回復學習能力，這一點我將在談壓力管理的那個章節中繼續說明。

從生物演化史的角度來看，「緣腦」的形成是在「爬蟲腦」之後。這個部位為哺乳類動物所共有，例如猿猴、牛與海豚等。「緣腦」控制著人類的情緒，具有穩定身心的功能，也就是說，緣腦可以維持生理與心理的平衡，對於人類的身心健康具有相當的重要性。此外，緣腦還負責人類的長期記憶，以及性方面的活動。

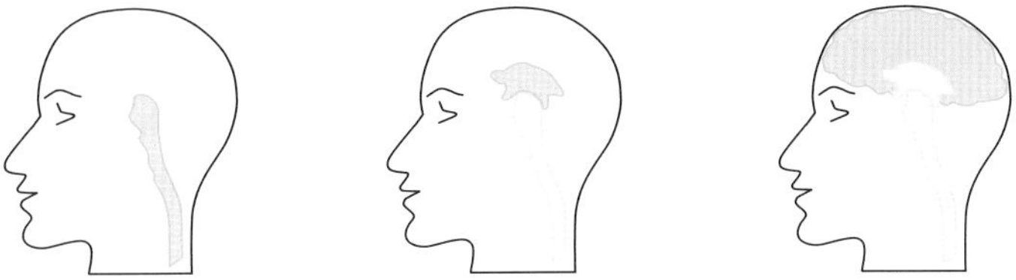

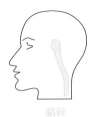

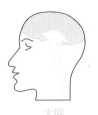

腦幹　緣腦　大腦

在地球生物的演化過程中，最晚出現的是大腦，也就是所謂的「新皮質」，這是人腦所特有的部分，其他動物的腦部並未出現這個構件。新皮質包括左右半腦，呈皺褶狀，是人類學習與記憶能力的所在，負責語言、思考分析、推論聯想、創意、策略推行以及做決定等等，而不只是做制式化的反應。當一個新的訊息進入大腦時，會先經過緣腦。如上所述，緣腦是人腦中負責維持身心平衡的部位。人類腦部唯一的任務是負責確保自身的存活。緣腦，也就是邊緣系統，則具有過濾資訊的功能，它會把新的訊息與既有的經驗做比較。如果比較的結果是正面的，緣腦會對這些新訊息產生正面的情緒，並將它們傳給大腦，讓大腦處理這些新資訊。由於這類資訊在某種程度上是受歡迎的，所以伴隨出現的是愉悅的感覺與學習動機。舉例而言，如果你曾經在某方面有不錯的表現，你就比較有意願再做一次嘗試。如果訊息比較的結果是負面的，緣腦可能就此阻絕這個新訊息，不再將它們傳入大腦進行處理。人類的緣腦就是藉由這種方法來避免自身繼續受到負面情緒的影響，這就是它的功能所在。就人類的生存而言，維持心理平衡也是必要的一環。如果緣腦對於新訊息評估的結果是中性的，那麼這些並不特別顯得正面或負面的資訊也會被導入大腦，也就是新皮質，只不過這類訊息所帶來的刺激並不大，無法讓人留下深刻的印象，因此無法在大腦中長期儲存。這方面我將在學習的第三階段「資訊的儲存」其中討論「規律的複習」時，再繼續做說明。

由此可見，緣腦是依照既定的模式對外在的刺激做反應。人如果曾順利完成某事，以後也會樂於再做相關的嘗試。緣腦的運作機制在關乎生存的情形下，對於人類的生活是有利而且重要的，不過，如果緣腦按照既定的模式拒絕學習新的事物時，人類的學習活動就會碰到阻礙。根據自身的經驗，我們都知道要改變既定的行為方式是困難的，我們必須持續對抗習慣對人類行為所造成的龐大影響。例如，有許多學生在學校有許許多多不愉快的學習經驗，他們自然而然地把學習與負面的情感連結在一起。這些受挫的學習經驗會讓學習者的緣腦阻斷來自外界的訊息，不再繼續傳給大腦，這麼一來，負責學習活動的大腦便無從獲得這些訊息。

每一種新的行為都可能帶來致命的後果，這句話聽起來可能很好笑，然而卻是緣腦的運作準則。在學習方面也是如此，每一種新的學習技巧（如同每一種新的行為）對於緣腦而言，都是一種潛在的危險，一種威脅。人類靠著緣腦的運作機制存活至今，這是不爭的事實，我們的緣腦並不會在乎個人在學習上出了哪些問題。如果我們在野外突然碰上一隻老虎，處在受驚嚇的狀態，這時緣腦的機制是很有用處的：該跟這頭猛獸博鬥或是拔腿逃開？我們並不需花過多的時間去考慮，是否該跟這隻老虎商談些什麼，以期能化解危機，全身而退。

學會新的學習技巧會讓我們在學習時覺得比較得心應手，而且還會伴隨出現正面的情緒，但是在改變學習方式的初步階段，緣腦還是會產生抗拒的反應。儘管實行本書所倡導的學習方法很重要，我們還是必須先說服緣腦，這些新的學習方法對我們是有幫助的。

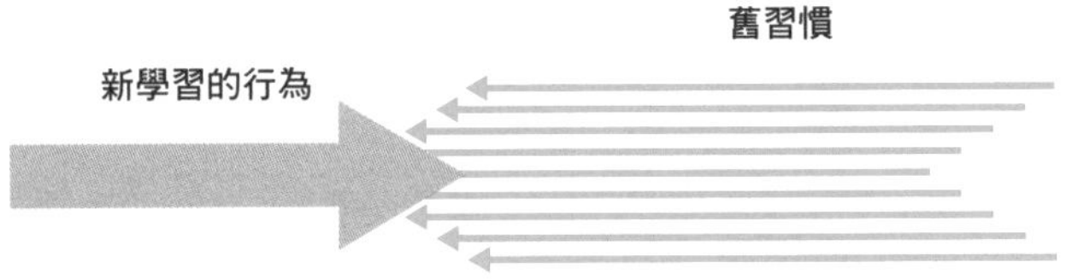

比方說，當我們在使用一些記憶訓練法時，確實經驗到這些技巧的成效，學習成果便會引發較多正面的情緒，我們的緣腦就會對這些新的學習方法做出相同的回應。如此一來，緣腦非但不會阻礙學習，反而因為接受了這個新的學習方式而讓學習者提升了學習效率，新的學習行為就會被接受而成為新的學習習慣了！

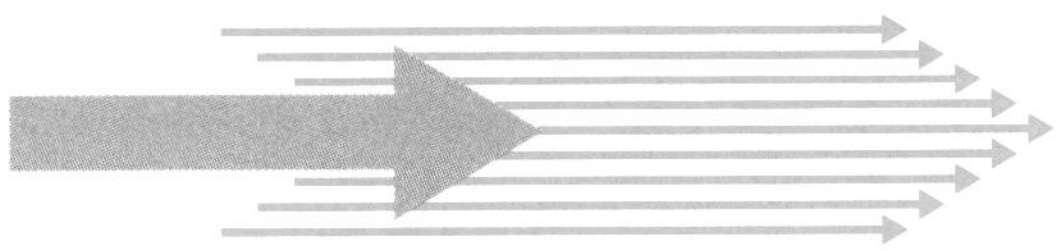

你將可以從本書所討論的各個學習階段當中得知，如何讓緣腦充分與你的學習活動配合，而不會扯你的後腿。當然，其中一個訣竅就是如我在前面所提過的，必須先將學習材料進行歸類。資料一旦經過分類與定位，就不會引發緣腦的緊張不安，它們才能順利地被傳入大腦進行訊息的處理與儲存。舉例而言，假設你是一名法律系學生，希望能進一步研究關於夫妻共同遺囑的法律規定。如果你打算開始閱讀手邊一本關於繼承法的教科書，那麼，在此建議你，不妨先將繼承法在所有的法學領域（也就是往後國家考試的全部出題範圍）中做定位。

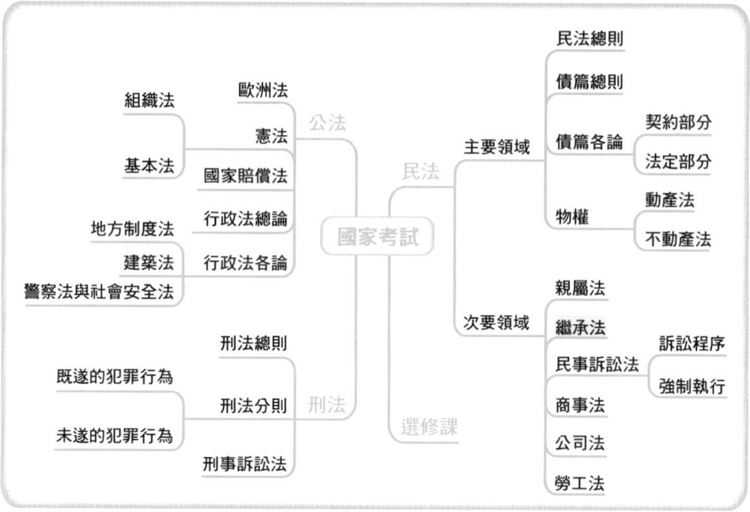

接下來，你應該從教科書的目錄著手，試著掌握繼承法包含了哪些次領域。除此之外，民法的法典也可以讓你得知繼承法的概貌。

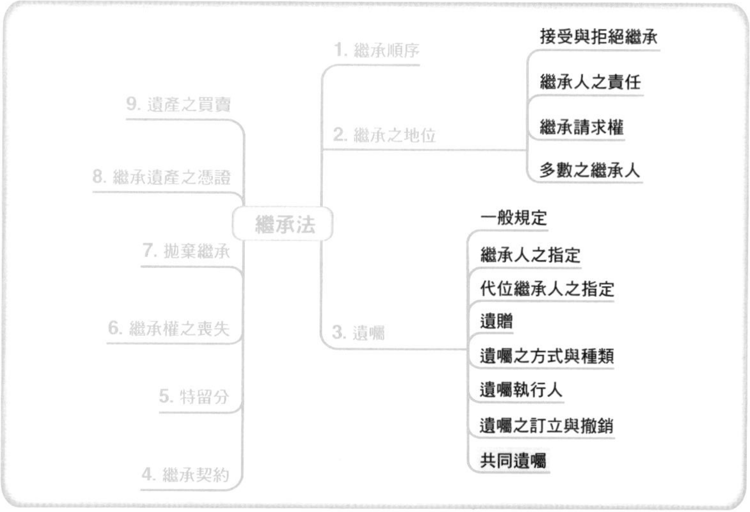

你已經很清楚，繼承法在法學脈絡中與其他分科之間的關係，以及它本身包含了哪些重點部分。現在你可以開始研究今天想要研究的主題：夫妻共同遺囑。這時，我還是要建議你，應該借助這個領域的法律教科書，好讓自己能確實了解「共同遺囑」的內容梗概，而且教科書的綱要必須能夠涵蓋這個主題的所有重點。當你埋首研讀這方面的法律知識時，仍要隨時掌握它的內容概貌，不然，你會失去方向感而迷失在資料堆中。如果你能不斷地為研讀的材料做知識的定位，緣腦就會處於安然的狀態，不會阻礙訊息的傳送，如此一來，你的學習就會變得比較輕鬆容易了！

不論你是否在大學主修法律，都可以將這個學習步驟運用在任何一個知識領域。身為學習者，你應該最清楚，自己所閱讀的書籍在所有知識範圍中的定位，還有，有哪些領域是你在職業上或是在考試時用得上的。先花點時間掌握學習內容的全貌，你在往後的學習過程中就會比較有效率，所省下的時間還會比花在掌握這些內容概要的時間多上好幾倍呢！

瀏覽全貌

當你在玩拼圖時，為了先確立全圖的框架，你會先從邊緣部分開始下手；如果你要閱讀一本書，就必須先瀏覽一下它的內容全貌。掌握書本的全貌不僅可以讓緣腦獲得方向感，還可以藉此活化你的右腦。我們現在已經很熟悉緣腦的運作模式，至於右腦有什麼重要的地方呢？

左腦與右腦

我們的大腦分為左右兩半，也就是左腦與右腦，這就好像核桃裡面的果仁結構，有對稱的兩個半部。胼胝體是連結左右腦的橋樑，有了這個溝通管道，左右腦才能相互知道對方正在做什麼。一九七〇年代，人類相信已經找到了左右腦個別專司的功能：左腦用語言處理外來的訊息，是人類的語言中樞所在，它主要控制著邏輯、分析、語言、數字、列表、連續性動作、線條等方面的知識學習能力。左腦的運作模式是線性的，傾向於按照順序處理事情，並且專注於個別的細節上，因此，在處理訊息時，往往會見樹不見林。相對地，右腦會將進入大腦的訊息做圖像化處理，因此比較能掌握訊息的全貌，卻容易忽略細節的部分，它主掌人類感性與直觀的思維，舉凡幻想以及對於圖形、顏色、構造、節奏、空間方面的認知等，都是右腦主管的功能。

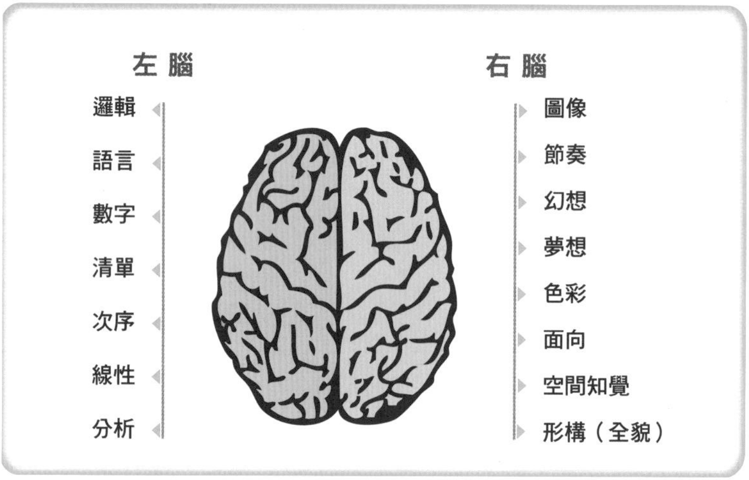

然而，後來的科學研究卻清楚地指出，左右腦的功能無法嚴格區分，因為，左腦有時也可以取代右腦的部分功能，反之亦然。人類的思維更多是來自遍布在左右腦的數千個資訊處理中心，它們在理想的

情況下，還能相互協調，彼此共通合作。因此，有些學者指出，將人類的大腦構造區分成左右兩半，是一種過於粗略而簡化的分類，幾乎是說不通的。

不過，左右腦的運作模式畢竟是不同的，人類的左腦負責分析性思維，右腦則傾向圖像性思維。我認為將人腦從構造上區分為左右兩半還算是恰當的做法，因此，我在本書中仍沿用自一九七〇年代以來對於大腦的劃分：左腦與右腦。關於大腦各種訊息處理中心的運作方式，我將會留到「資料的儲存」章節裡，再進一步做說明。

我們都知道，學習者如果能夠左右腦並用，也就是採用「全腦學習」，就可以達到最理想的學習狀態。小孩子在學習新的事物與新的能力時，經常使用右腦，因此他們在某些方面（例如，語言、樂器演奏等）的學習往往能比大人更為快速，並且覺得輕鬆容易。然而，進入小學之後，這個情況就跟著改變了：由於學校教育以智識能力的培養為優先，孩童的學習重心便移至左腦，這也同時意謂著，輕鬆的學習成了過去式。從那時起，人就會開始覺得，學習是件既困難又辛苦的差事。

我們可以從下面這個例子，清楚地看到人類的左腦與右腦不同的運作方式。請你試著牢記下面這段故事：

「兩支腳」坐在「三支腳」上面，還拿著「一支腳」。突然間，「四支腳」出現，搶走了「一支腳」。於是，「兩支腳」便拿起「三支腳」，朝「四支腳」丟去。

一般人都是使用左腦閱讀這段文字，而且還會重複好幾次。現在，讓我們再讀一遍：

「兩支腳」坐在「三支腳」上面，還拿著「一支腳」。突然間，「四支腳」出現，搶走了「一支腳」。於是，「兩支腳」便拿起「三支腳」，朝「四支腳」丟去。

當你重複讀過幾次之後，終於可以把故事的內容完全記住，不過，很快地，它又逐漸地被你遺忘了。往往隔一天或隔一星期，這些內容就會開始自大腦的記憶庫中流失。人通常會因為無法理解資料的內容，而反覆閱讀，這時，心理的不確定感會造成全身緊繃，而且，吸收資訊的能力會隨著閱讀次數的增加而逐步減退。最後，他們終於認定自己在學習方面比較駑鈍，別人總是比自己有辦法。其實，這不是你資質較差的緣故，而是缺少正確使用大腦的方法！

如果你懂得用右腦學習，就會把這個故事的文字陳述轉換成視覺語言。你不妨考慮，把故事中的一支腳想像成一支帶骨的雞腿，兩支腳是人，三支腳是一張三足矮凳，四支腳是一隻狗。這麼一來，這個故事的影像內容就能成為適合右腦處理的視覺性資料了！

「兩支腳」（人）坐在「三支腳」（三腳矮凳）上面，還拿著「一支腳」（一支帶骨的雞腿）。突然間，「四支腳」（一隻狗）出現，搶走了「一支腳」（那支帶骨的雞腿）。於是，「兩支腳」（那個人）便拿起「三支腳」（那張三足矮凳），朝「四支腳」（那隻狗）丟去。

現在，你可以安心地坐在椅子上，完全放鬆自己，把身子向後仰靠，使用內在觀想的方式讓這個故事在腦海中播放一遍。如果你能用上所有的感官，把這個故事的影像化內容在心裡冥想兩、三次，不論是一天或一星期過後，你都還能清楚地記得這個故事的內容，不過，這個方法需要你正確地投入五官的知覺，這一點讓我留待後面再做討論。

一般人或許會這麼認為：這個關於「腳」的故事本來就是有意義的內容安排，所以從中發展出一個可以說得通的故事是很自然的事！然而，實際的情形並非如此。我曾經負責培訓一些記憶力傑出的孩童參加「世界記憶力錦標賽」。在培訓的過程中，我和其他的工作人員任意地組合這些「腳」做為敘述內容，這些孩子們都能對所有的組合方式編造出令人印象深刻的故事。由於每個孩子對於「腳」這個主題的視覺聯想不盡相同，因此掰出來的故事也不一樣。或許有人會批評，這個故事與其他的學習材料不太相干，其實，我只是想用這個故事來揭示人類左右腦的不同運作方式。下面我還會再舉出幾個如何對複雜的學習內容使用視覺聯想的例子。現在讓我們再回到閱讀的主題上。

當你在瀏覽一本書時，要特別留意內容段落的標題、次標題、插畫與圖表，以及印刷排版時特地標明與突顯的字句，而且，這個瀏覽的步驟不能超過五分鐘。這五分鐘瀏覽的工夫可以讓你掌握一本書大致的內容。許多人在閱讀時，都等到把書念到一半才發現，那本書其實不值得閱讀，內容不是了無新意就是不符所需。因此，瀏覽還可以幫助你快速下判斷，是否值得再細讀下去，及時幫你省下不少時間。然而，若要在短時間內做判斷，就必須學會正確的速讀技巧，也就是在最短的時間內扎扎實實地掌握住一本書的全貌。在此，我建議你採用「結構式閱讀」的方式，它可以讓你從一本書當中，快速地擷取所有重要的資訊。關於這個閱讀法，我還會在第二階段「資訊的處理」再做介紹。

② 積極的閱讀態度

如果你想在一個整體的學習流程完成後，還能成功地回想起一些讀過的內容，那麼，主動而積極的學習是其中最具決定性的關鍵。其中，又以積極的閱讀最為重要。

活化你的知識網絡

我們的腦細胞在進入主動而積極的學習狀態之前，需要一些準備的工作，就好像運動選手在參加比賽前需要做暖身操一樣。人類的大腦對於新進訊息的儲存取決於兩個基本定律，第一個定律便與主動而積極的學習密切相關（第二個定律容我在學習的第三階段「資訊的儲存」裡再做說明），它是一種「學習生物學」的自然法則：每當接觸到新的訊息時，我們就必須將新訊息與既有的知識產生連結，不然，這些傳入大腦的新資訊就會逐漸地流失，那些先前花在學習上的時間也等於白費了。

每個人約有一千億個腦神經元（腦細胞），每個腦細胞會以突觸與至少上萬個鄰近的腦細胞相連結。至於連結的過程，目前還有待進一步研究。

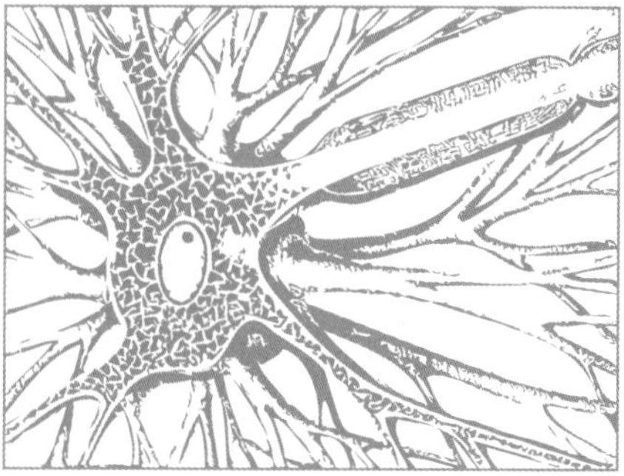

一個人的思考能力並非取決於腦細胞的數量，而是它們之間所形成的連結多寡。連結的網絡愈密，IQ也就愈高；相反地，如果腦細胞彼此間所形成的連結較少，反應能力也會比較差。此外，還有一個現象值得我們注意：新的連結都是在既有的知識基礎上建立起來的。

下面這張圖就是最好的說明：我們可以用一張蜘蛛網來比喻人類的知識學習。傳入大腦的新資訊就像新的蜘蛛絲一樣，必須被織在既有的蜘蛛網上。如果沒有任何知識網絡的基礎，新訊息就會無所依附，最後便消散無蹤了！

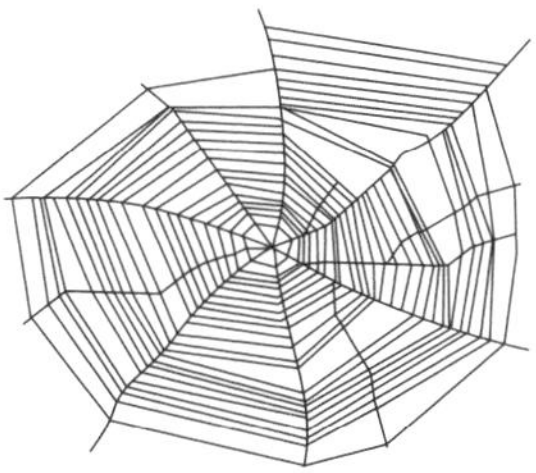

相信你已經發現，這張象徵著大腦知識庫的蜘蛛網在某些地方織得比較密，這表示，大腦在某些領域擁有豐富的知識，比方說，一些與個人的職業或嗜好相關的領域。由於既有的知識連結網很綿密，學習者很容易將新的資訊接附在上面，也就是說，很容易吸收這方面的新知。相對地，這張蜘蛛網在某些地方顯得比較稀疏，這是因為學習者對於這些領域比較不熟悉或是比較不感興趣，而一般教育也較少觸及。這些領域因為知識網絡的連結稀疏，因此學習者不容易再添入新的知識。換句話說，在某些方面儲存的知識量愈少，吸收相關的新知也就愈困難。由此可見，大腦的知識庫如果能提供愈多可與舊資訊相接的連結點，就會愈有利於相關新訊息的吸收，學習起來也會比較容易。

⊙ 知識學習的曲線

基於上述的原理，人類與知識量有關的學習曲線會呈指數性變化。俗話說，「萬事起頭難」，這句話確實很有道理。當我們涉入一個新領域時，剛開始只有少量的知識可供連結，而且只有重要而基本的知識線索會被串聯成知識網，一些細部與特殊的資訊會被忽略。等到這個知識的地基穩固之後，要再做深入的學習才會比較容易。

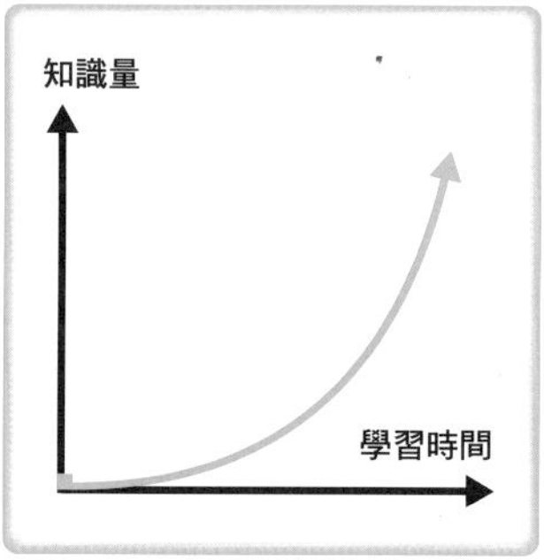

知識的學習就好比滾雪球一般，會愈滾愈大。所以，進入一個全新的知識領域時，應該先從基礎的知識著手，然後再研讀細節的部分，這個學習順序的先後是很重要的。為了說明這個過程，在此我還是用拼圖做比方：玩拼圖時，一旦確立了周邊的框架，便會接著從比較簡單的基本元素與個別主題著手。當你拼好這些部分時，就可以處理剩下來比較困難的圖像內容。閱讀的情形也是如此。當你進行初次閱讀時，最好先跳過困難艱澀的部分。在第二輪的閱讀時，由於你已經具備更多的背景知識，這時，一些比較有深度的內容對你而言會突然變得容易許多。在這裡，或許你會覺得用蓋房子的流程來比喻人類的知識學習更為生動具體：如果我們打算蓋一棟房子，應該要先挖地基，再完成低樓層的部分，最後才是搭蓋屋頂。如果房屋的主體未蓋好之前就先搭屋頂，整間房子就會垮下來。同樣的，如果學習的基礎不穩固，最後整個知識架構也會跟著倒塌。

如果你能透過資料的分類整理，製作出概覽圖，這表示你已經在原本陌生的領域中建立起知識的基礎，並且掌握了它的基本脈絡。如同Windows Internet Explorer這個瀏覽器建構資訊的方式，你可以在大腦中設置一些分類的檔案夾，以供新資料存放。如果在電腦中儲存一個新檔案，卻不知道它是存放在哪個硬碟槽或是收納在哪個檔案夾之下，以後要找這項資料時，就不容易找到它。同樣地，如果我們沒有做資料整理的工作，以後要再從大腦的資料庫中調出這些訊息就會比較困難。我們可以用軟體來搜尋電腦中儲存的資料，但是，人腦並沒有安裝這類軟體，所以如果沒有將資料做歸類，日後要查找它們就沒這麼容易了！有鑑於此，你必須在進行資料分類時建構出一些「結構式圖卡」，以利後來的資料檢索。我在介紹學習的第二階段「心智圖法」時，還會再進一步說明這項處理資料的技巧。

除此之外，還有一種技巧能夠幫助新知識的串聯：學習者必須清楚地意識到，一個相關的主題已經有哪些知識線索存在。如同我先前提過的，一個新的訊息必須與既存的舊知識產生連結，才能進入大腦的記憶庫。如果少了這個步驟，新進的資訊是否能找到適當的連結點，就得看運氣了。

當你要開始閱讀一本書之前，應該先試著回想一下，自己對於這個主題已經掌握了多少？具備了哪些知識？並請你在兩分鐘之內，以「結構式圖卡」的方式寫下其中最為重要的要點。至於製作「結構式圖卡」所需的技巧，你將會在本書關於學習的第二階段「資訊的處理」的章節中獲得詳盡的說明。你可以藉由這種處理資訊的方式，活化整個網絡中與主題相關的知識以及其所儲存的資訊，如此一來，新的內容就可以輕鬆容易地填入既有的資料區裡。

使用「結構式圖卡」，能讓你的大腦至於將相關的資訊分散儲存在各個不同的區塊當中。不然，在學習的第四階段「資訊的取用」，是否能在決定性的時刻及時將這些已分散儲存的資訊再重新提取出來，就不得而知了！目前有一種組合資訊的軟體程式能將一些原先分散存放在硬碟中相關的資訊集中起來，並做適當的分類與編排。有了這個軟體程式，硬碟在搜尋相關的資料時，讀取的針頭就不需來來回回地跳躍，處理資訊的速度也就自然而然地加快許多。可惜的是，我們的大腦並沒有這樣的軟體，所以，從我們接觸訊息的一開始，就必須將這些相關的資訊存放在相同的區塊內，為了能事先產生出「結構式圖卡」，我們必須在啟動閱讀之前，先讓既有的知識動員並整合起來。

⊙ 能力學習的曲線

在此，我還要介紹另一種與學習有關的曲線，也就是能力學習的曲線。與人類的知識學習不同的是，能力的學習並非隨著學習時間的增加而呈指數性的進步，而是呈階梯式的跳躍。樂器或是各種技能與運動的學習都屬於「能力學習」，就連你即將在本書中學到的「結構式閱讀」、「結構式圖卡」的製作以及各種記憶的技巧，其學習過程都適用於這種曲線。

讓我們以彈鋼琴為例：當你剛開始學琴時，經過一些初步的練習，技巧便會往上進階一步。然後，你會停留在那個「高原期」一段時間，雖然持續做練習，可是琴藝仍舊在原地踏步，無法再有進展。由於你在短期內無法看到進一步的成果，學習的動機便可能逐漸降低。這也是為什麼很多人學習樂器虎頭蛇尾，最後半途而廢的原因。

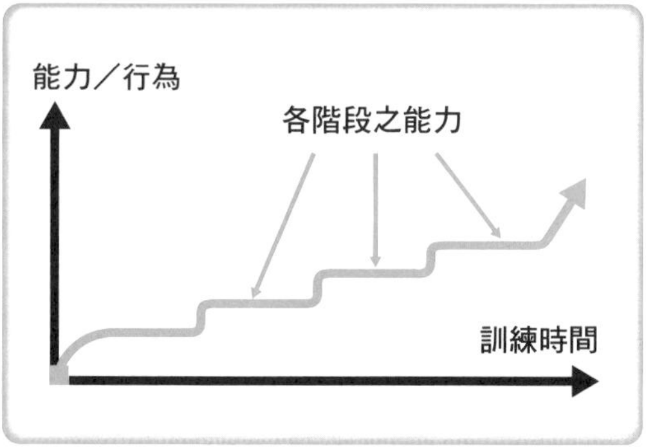

我們應該知道，學習上最重要的過程就是「高原期」。當你所學習的能力升級到某個階段時，腦部細胞之間就會產生新的突觸連結。隨後這些連線會被一種叫做「腦髓鞘」的物質所覆住，就像電線被包上一層絕緣體一般，這種包覆的過程就是「腦髓鞘的生成」。當該過程結束時，大腦就可以開始使用這些連結，利用它們進行思考運作，然後，你在這方面的能力便可再晉級，停泊在更高的階段。

當你進入更高的階段後，有一段時間沒有出現進展，這其實是最好的情況，從學習生物學的角度來看，這也是最重要的階段。這時，你如果能堅持不懈，適度而持續地做練習，不消多久，你的程度便能再向上跨升一級。如果你能對這個學習過程有所認知，就不會對學習灰心喪氣，輕言放棄。

整體而言，當你在學習一項能力時，會經過四個階段的階梯式跳躍。

現在讓我們用學開車做例子。當人還是小嬰兒時，並不知道什麼是開車，不只是不會開車（無「能力」），而且也還不知道什麼是開車（無「意識」）。隨著時間，我們慢慢地長大，開始意識到自己的無「能力」：我們的父母雖然會開車，但是我們卻不會。後來，長大

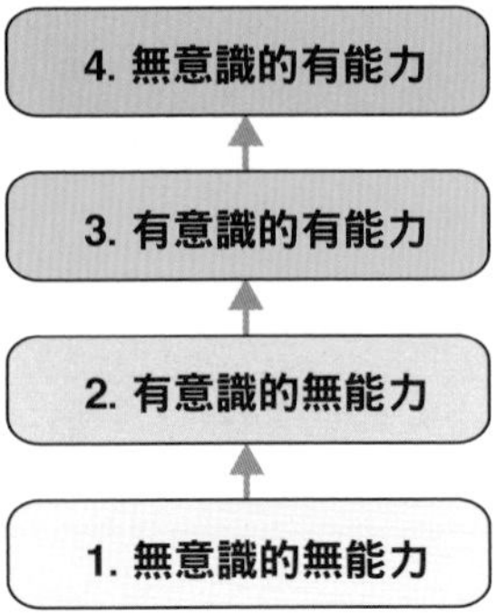

成人之後，我們到駕駛訓練班學開車（以前的人則是跑到樹林中的空地練習開車），一旦學成，我們的無能力就會轉成有能力。當我們還是駕車的新手時，所有的機械操作都是在清楚的意識範圍。我們必須集中注意力，腳踩離合器、換檔、打方向指示燈並且注意四面八方的來車。上路一段時間之後，這些操作就會自然而然地成為反射動作。踩離合器和換檔時不用多加思索，也不怕操作不當而熄火，因為我們的開車能力已經成為一種「無意識能力」。這時，我們的開車技術已經很純熟，不需要去留意每一項操作，還可以在開車時把注意力放在其他的事物上。比方說，我們可以一邊開車，一邊欣賞沿途的風景，跟車上其他的人興奮地聊天或是預先規畫一天的行程。

同樣地，學習我在本書中所介紹的這套學習方法也是如此。只要我們勤加演練這套方法，最後就能把它內化成一種無意識的操作，而不需在學習時，還要刻意去留意這套學習方法的各個步驟與重點。

既然大腦中可以儲存新資料的空間區塊已經準備妥當，現在我們只需要把精神集中在學習的內容上。我將會在本書的許多段落中談到，如何透過一些特定的練習，讓你把這些個別的學習技巧轉化成你的「無意識能力」。如果你都能確實跟著本書的指示做練習，我相信，當你讀完本書時，我用全書篇幅所介紹的完整的學習流程，對你而言已經成為一種背景知識，你已經不會意識到它的存在而可以完全集中注意力在學習的資訊上。

向自己提出問題

假設你現在在一張知識地圖裡，已經把舊知識的重點熟記在心裡（這個技巧我會在下一個學習階段「資訊的處理」做說明），有了這張知識地圖做基礎，這時你應該針對所要研讀的資料反問自己一些問題：我想從這本書或這份資料當中獲得什麼樣的訊息？我希望能再深入哪個領域？

這個自我提問的步驟，主要是為了改變讀者向來「消極而被動的閱讀方式」。大多數人的閱讀過程是單向的訊息接收：訊息內容從書本經由雙眼傳到大腦，而且，只有左腦能接收這些文字訊息。如果你想提升自己的閱讀效率，就必須與研讀的資料產生雙向的互動：在進行閱讀時，你不僅應該吸收書本的訊息，同時還要把自己的想法帶入書本的內容中。讀者在閱讀時所凝聚出的想法應比作者的行文早一步到位，而且，所吸收的訊息應該跟自己先前所累積的知識做比較。是否可以對某個論點做不同的表達？是否作者在這方面有所遺漏？

在閱讀時，持續不斷地與作者進行對話，不僅可以提高自己對於內容的注意力與學習動機，而且還可以提高記憶力，這時，書籍內容

對你而言，已是可供運用的活性知識。不過，要與作者有對話能力，必須先動員大腦中既有的相關知識，並且還要針對這些舊知識提出相關而適當的問題。

時間與量的限制

你是否希望在閱讀一本書時，能夠一直保持積極主動的態度，而不被書本的頁數所嚇住？在此建議你，在進行閱讀之前，最好預先把全書的內容分成幾個主要的段落。試問，有誰沒有碰過這樣的情況：在讀一本教科書時，總是會不斷去注意自己已經讀了幾頁？還剩下幾頁？特別是剛開始讀一本書時，總會感受到一股令人不快的壓迫感。

首先，你應該清楚地知道，自己希望投入閱讀的時間有多少，並且給予時間限制。因為，根據科學研究，人類的大腦只能在一定的時間內處於最佳的運作狀態。至於閱讀時間的長短，則視整體的閱讀計畫而定。關於這個部分，我還會在本書「時間管理」的章節中，再深入討論。

接下來，你應該將全書依時間的分配，在內容與頁數上自行做有意義的分段閱讀。如果你的手邊有一本厚書，而且有三百頁還沒讀完，那麼，這時你會無法把注意力集中在閱讀的內容上。因此，我認為，學習者最好能採取分段式閱讀的方式提升自己的閱讀動機。每當你完成一個閱讀段落時，你會覺得閱讀有了新的進展而在心理上獲得鼓舞。此外，你還可以用一些長條狀的便利貼標示出這些段落在全書的位置，因為，閱讀進程的視覺化也可以增強閱讀的動機。

以馬拉松選手為例：這些長跑選手最遲在第三十公里以後，體力就已經消耗得差不多了！當他們接近終點時，每一位參賽的選手都會突然加快跑速，做最後的衝刺。為了奪標，他們的身體必須再釋出額外的能量。同樣的道理，如果你把一本書分成好幾個段落做閱讀，就可以多次使用這種「馬拉松效應」完成每個段落的閱讀，而且，你還可以更頻繁地感受到額外的衝刺能量被釋放出來。

③ 具有理解力的閱讀行為

我相信你現在已經做好充分的準備，可以著手閱讀了。如果你在閱讀方面受過訓練，那麼，你不只能從書本中學到一些東西，你還能用較快的速度進行閱讀，特別是對於內容的理解力與記憶力方面也會大幅地提升。有了良好的學習方法，不僅可以讓你省下許多時間，讀過的內容也比較容易吸收，因此，比較能為日後所用。「速讀」長期以來一直都是哈佛大學商學院的課程項目，美國前總統甘迺迪與尼克森也都是速讀高手，到目前為止，白宮、美國空軍和太空總署的工作人員都還是會學習某些速讀的技巧。

在許多國家都有相關的研究指出，幾乎所有高收入的人，每年至少會閱讀二十本專業書籍。此外，我們還知道，全世界位於領導階層的絕大多數菁英份子，都能快速而大量地閱讀。這些速讀者能位居要津，是因為大量閱讀所累積的知識，幫助他們成功地改善或建立了商務與私人的關係。曾有研究人員從事人與人之間的談話研究，研究的目標是要找出有哪些條件會讓對談的雙方對彼此的交談覺得有趣。這項研究結果指出，在交談中談出興致的雙方主要是彼此之間具有一些共同點，而且談論的話題都是雙方覺得有意義、有意思的題材。一個人的閱讀量愈多，就會與別人產生愈多的交集，讓與你接觸的人覺得跟你很談得來。快速的知識累積可以幫助你拓展人際關係的網絡，因此，你應該學習一些高效率的閱讀技巧，讓你在短時間內看完一天該看的報紙，和一些有趣的雜誌、書籍。

美國前總統羅斯福在這方面就做了很好的示範。每次他要跟人會面之前，會事先進行了解，有哪些是對方特別感興趣的話題？他習慣在會談前，花不到一個小時的時間，讀完一本跟對方有關的書籍或是資料。所以羅斯福總統也是個速讀的高手。

「知識就是力量」，這是出自英國哲學家培根（Francis Bacon, 1561-1626）的一句名言。沒錯！閱讀是人類得力最多的訊息來源。我則進一步認為，一些教你如何有效吸取知識的知識，也就是關於學習方法的知識，可以讓你獲得更多的力量。一旦你的閱讀變得很有效率，大腦中的知識量快速地擴增，你跟別人的溝通狀況就會大大地改善，也就能獲得更多人際關係的資源。

現在，讓我們先把重點放在你的閱讀速度上。為了訓練讀速以及後續的相關練習，你需要先找出一本一般人認為不容易閱讀的書，最好是一本圖很少，文字密密麻麻、分段較少的書。這類的書籍雖然內容比較艱澀，然而，對於本階段的閱讀訓練卻是再合適不過的了！

確定閱讀練習的起始點

你可以從書的任一個段落開始閱讀，而且為時一分鐘。請你用最舒服、最能掌握內容的速度進行閱讀。為了方便計算時間，你的身邊最好有一個帶秒針的鐘錶。如果能使用有倒數計時功能的碼表或廚房用計時器，那是再好也不過的了。這些小東西在較大型的百貨公司都買得到。現在請你開始閱讀，並把一分鐘內所讀過的範圍標示出來。

為了計算你目前的閱讀速度，並在接下來這幾天確認你在這方面已經有了進步，我們還需要一個測量閱讀速度的單位：每分鐘所閱讀的字數（wpm）。在開始做讀速測量之前，你必須在預定做閱讀練習的書本上事先算出每一行平均的字數。例如，你可以數數看，五行裡有多少字，再將這個數據除以五，就是每行平均的字數了。等到你完成一分鐘的閱讀之後，再數算一下，自己一共閱讀了幾行，然後再把一分鐘內所閱讀的行數乘以每行平均的字數，就可以得出以wpm為單位的閱讀速度了！比方說，如果你在一分鐘內讀完三十行，而每一行平均有八個字，那麼，你的閱讀速度就是二四〇 wpm。

一般德國人的閱讀速度介於一六〇至二四〇 wpm之間。不管是閱讀哪一類的書籍，或是其中的哪一段，只要經過閱讀的訓練，閱讀速度就可以達到六〇〇至八〇〇 wpm之間，有時甚至可以超過八〇〇 wpm。不過，wpm的數據只是讓你知道自己的閱讀速度是否增快的一

1 在五行的文字裡所有的字數 : 5 = 結果（1）

※ 每一行平均的字數

2 每分鐘所讀過的行數 X 結果（1） = wpm

※ 每分鐘所閱讀的字詞數

個參考標準，它並不能涵蓋我們閱讀時所有的實際情況：例如，我們在閱讀時，有時會需要停下來思考一些段落的內容，有時會需要在字裡行間標出重點，加入一些自己的評論或做摘要與筆記等等。

現在，讓我們接下來談談，我們在閱讀時最常碰到的幾個問題，當然，每個阻礙閱讀的問題都會有解決的方法。

閱讀時碰到的問題

當我們要處理閱讀時所碰到的問題，首先，我們必須了解人在閱讀時眼球轉動的方式。我曾經詢問那些在格綠寧學院參加學習訓練的學員，當他們在看書時，他們雙眼移動的方式為何？大部分的學員都這麼回答：我們的眼睛會跟隨文字敘述的順序，以穩定的速度由左而右地轉動，當一行結束時，就會接著轉移到下一行的起頭處。

然而，根據科學研究的結果，人類的雙眼在觀看時，是停滯不動的。如果，眼前有一件物體正在移動，那麼，人的眼睛也會以相同的速度跟著轉移，等到跟上了物體的移動速度之後，便將目光停留在物體上。由此可知，當我們在讀書時，眼球會在一行文字當中做數次跳躍，也就是在一個詞上做短暫停留之後，再跳到下一個詞。

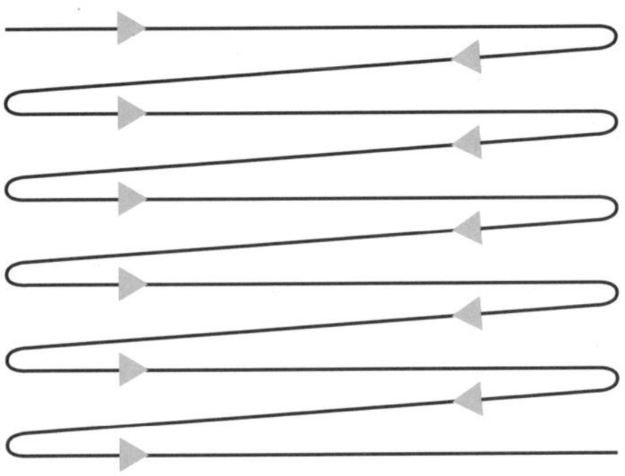

現在讓我們來談談，人在閱讀時經常碰到的三大問題：缺乏理解力、注意力不夠集中、眼球運動的退步。

⊙ 理解力不足

沒有經過閱讀訓練的人在進行閱讀時，眼球跳躍一次只能涵蓋一個詞。你現在就可以拿這一頁做閱讀試驗，你將會發現，當你在閱讀時，眼睛確實每次只能注視一個詞。如果你把本書倒轉過來，再看看本頁，這時你看到的是一幅由一堆文字所構築成的整體圖像：黑色的字形與白色的頁面。當你再把本書翻正後，你的目光又會集中在一個個的文字上。

自從識字以來，我們在閱讀時，已經把自己的眼球訓練到能夠快速跳過一個又一個詞，不過，這項能力是慢慢形成的：在學校剛開始學習閱讀時，我們一次只能注視著個別的字母，後來是個別的音節，最後我們才學會將目光集中在一個完整的詞上。由於中小學生需要閱讀的頁量並不多，這樣的閱讀效率還有辦法應付學校的功課。不過，進入大學以及研究所以上的課程，如果還依照這種土法煉鋼的方式進行閱讀，就會出現問題。那些閱讀速度特別慢的人，會因為慢速而降低對於閱讀內容的理解力，碰到字母較多的字詞時，他們甚至一次只能專注於一個音節。

這種逐字的閱讀方式不只大大地限制了你的閱讀速度，甚至還降低了你的理解力。假設你現在讀到「一個」這個詞，這時你的大腦，特別是你的右腦根本沒有訊息可以處理。當你接著讀到第二個詞

「小」時，你的大腦會把這個詞與第一個湊在一起，光是這個動作，你的腦部就需要數百萬次的化學反應做配合，大腦這時只是在加計字詞，並無法獲得可被轉化的、有意義的訊息。對於右腦而言，它該如何從「一個」、「小」這兩個字詞產生一幅圖像？接下來，你讀到第三個詞「綠色的」，你還是無法理解，這個詞是什麼意思？這時，你必須將這個詞與前兩個詞湊合在一起，大腦又再一次費力地將這些字詞拼組起來，然而，這些字詞對於學習還是沒有意義。最後，你終於讀到第四個詞「蘋果」，這時，你才知道這四個字詞彼此的關聯性，大腦也可以從這些字面的意義產生一幅具體的圖像：「一個綠色的小蘋果」。這種逐字的閱讀方式是很沒有效率的，一個句子如果有十個字詞，大腦就需要做九次的字詞組合動作。

相反地，一位閱讀高手是循著「意義單位」在看書的。藉由正確的視點跳躍與閱讀技巧，他可以一次著眼於「一個綠色的小蘋果」這整個意義單位，也就是說，一次的視點跳躍可多達四、五個詞。如果一個句子有十個詞，他的大腦只需執行一次或兩次的字義組合，便可以快速地得到有意義的訊息，不用再逐字地把一些前後字詞的訊息組合出來。這種著眼於「意義單位」的閱讀方法不僅可以提高閱讀的理解力，還可以減少眼球躍動的次數，讀書時會覺得比較輕鬆。

此外，還有一個與逐字閱讀密切相關的問題：缺乏注意力。

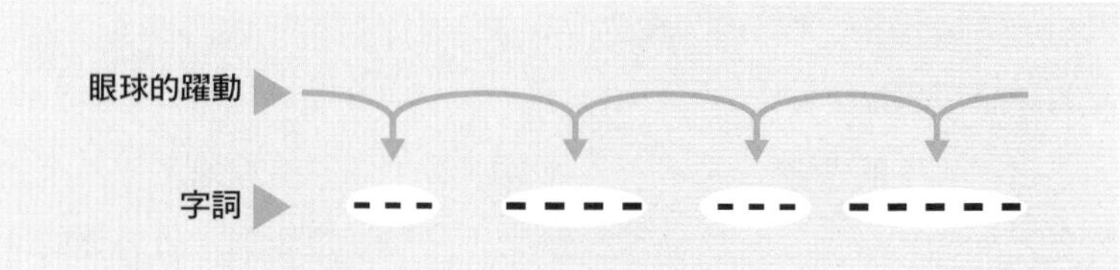

⊙ 注意力不夠集中

每個人在念書時，都親身經歷過這樣的情形：突然間發現自己的思緒不知道飄到哪裡去，不知道後來那幾行或是那幾頁在寫些什麼！這時只好將書本往前翻，重新再讀過一次。這個現象還不算糟，因為大部分的時候，我們連自己從書本上分心，都不自知，後來，不知何時又將自己的注意力轉回到書本上，連先前的心不在焉也沒有察覺到。這種情況聽起來似乎不太尋常，卻是經常出現的閱讀狀態。

我們在閱讀時，經常不知道自己在發呆、做白日夢，沒有把心思放在書本的內容上。如果所遺漏的是重點所在，那就會讓人懊惱了！當我們再重讀這本書時，往往會覺得有些地方很陌生，從來沒有讀過。沒錯！或許事實正是如此。

讀書分神的狀態會伴隨逐字閱讀的方式出現。請你瞄一下四周，然後再想想看，你的大腦在你觀看的那一瞬間，能夠接收多少的訊息，能夠覺察多少的畫面、顏色、動作以及聲響等等。人類的大腦就好比世界上功能最強的電腦，而你在閱讀時，卻將資訊一字一字地傳輸給大腦，這也難怪它們會不安分了。

諾貝爾生理醫學獎得主、美國神經科學家史貝利教授（Prof. Roger W. Sperry）曾與普林斯頓大學合作進行一項腦部的科學研究，研究結果指出，人腦每秒鐘有意識處理訊息的能力，最高可與一部一二八位元運算能力的電腦相當。未經過學習訓練所進行的閱讀最高只能達到四〇位元左右的運算速度，至於剩下來沒有被使用的八〇位元的效能則被一些雜亂的意念所占據。我們的左腦與右腦持續需要新的訊息，如果無法從外部傳入，它們就會自行製造。特別是我們的右腦會因為輸入資訊的不足，而自行浮現一些與過去生活經驗有關的影像，比方說，上個週末去滑雪或是昨天上酒吧的場景，這些都跟當下正在進行的閱讀不太有關聯性。

或者，當我們在閱讀時，大腦根本不配合。如上所述，逐字的閱讀容易讓人感覺疲勞，我們只要到圖書館走一趟就可以印證這句話。有時那些閱覽室看起來還比較像讓人休息打盹的場所。對於許多人而言，閱讀不啻為最佳的安眠藥。為了幫助自己入眠，有誰不在床邊放一本書，供睡前閱讀？沒錯！傳統的閱讀方式是最理想的助眠劑。大腦一字一字地接收訊息，實在辛苦費力，所以，就慢慢地進入夢鄉，睡著了！白天該清醒時，我們則迷失在白日夢裡，無法集中精神。當你的閱讀技巧獲得改善後，學習就會更有效率。這時，你如果需要服用安眠藥來讓自己入睡，也不須太過驚慌焦慮，因為，你仍可以隨時利用逐字閱讀的老方法助眠。

如果你以「意義單位」做為視點跳躍的依據，就可以讓大腦開發出更多處理訊息的容量，你不會在讀書時還有機會可以邊做白日夢，或是讓自己的思想開個小差。這就好比騎腳踏車，你如果要騎在上面，就必須讓車身以一定的速度前進。你如果能夠揚棄逐字閱讀的方式，就能利用那剩餘被閒置在大腦裡的八〇位元。這時，你會比較了解文章前後文的關聯性，對於讀過的內容也比較容易記得住。你如果想要掌握一個具有多層次意涵的句子時，就必須加快閱讀速度，把這些資訊留在大腦的「超短時記憶」裡。

傳統的閱讀方式不只容易分心，思緒還會亂竄，就連眼球的視點也無法集中在書頁上。這就是我接下來所要探討的問題。

⊙ 眼球轉動的限制

你還必須知道一點，人類的雙眼不是為了閱讀而存在的。而且，讀書對於眼球而言，是一件極不自然的事，這就如同人類的大腦構造不是針對考試或職場的需要而學習一般。我們的眼睛只負有確保我們自身存活的任務，因此，會對於周遭的任何動靜都做出反應。如果眼球在任何角度察覺到什麼，就會立刻朝那個方向轉動過去，不過，人通常對於這類的眼球運動並不自覺。

同樣地，人類其他的感官也只是為了性命的安危而存在的。如果我們的身後出現響聲，當我們的耳朵聽到時，我們就會轉頭看個究竟，隨著眼球的轉動，我們的身體也會跟著移動。

如果有一叢灌木在搖動，我們的目光就會直接轉向它，看看是否會接收到相關的訊息。而且，我們還得繼續留意，是否這棵灌木的擺動會對我們造成危險，接下來的反應過程則交由緣腦負責。比方說，如果一隻野生動物突然從灌木叢跳出，這時緣腦就會阻斷大腦的思考，直接給予戰鬥或逃離的指示，以因應這個危機。相反地，如果灌木叢的搖擺不會帶來危險，那麼，緣腦就不會阻絕大腦的思考活動，眼球的視點就可以往他處轉移。

眼球這個視覺的感官並不是為了逐字或逐行的閱讀而設計的。如果外界沒有物體移動著，我們的目光就無法緊跟著線條的衍生或是圖形的延展。一般人在閱讀時，眼球經常因為一些外在的動靜而飄離書本之外。學習者往往會因為無意識地將視點偏離閱讀內容，而徒然浪費了許多寶貴的時間。我在下面所介紹的這項眼球練習，將會讓你對於閱讀有一番新的認識。為了做這項練習，你還需要另一個人與你配合。

首先，你必須請對方站在你面前，然後請他用眼睛對著空中隨意地畫一圈，這時，你只要觀察即可。然後，你們再互換角色，改由你在他面前用眼睛對著空中畫個圈，讓他來觀察你的眼球轉動的情形。練習結束後，你會發現你們兩人眼球的移動都不是呈圓圈狀，而是呈鋸齒狀躍動。

這個部分的視覺練習讓我們明白以下兩點：第一，人類的雙眼無法自行跟隨特定的圖形做轉動。第二，人類眼球的轉動只在極短的剎那間，所以，我們往往無法意識到自身眼球的運動。

此外，當人一行一行地看書，每次得正確地跳到下一行的開頭，這個尋找的動作對於眼睛而言，是比較困難的。眼球為了找到下一行所花費的時間，大約占所有閱讀時間的三分之一。也就是說，如果你看書的時間是三小時，就等於花了一小時的時間在尋找下一行的位置。如果下一行的第一個字能被清楚地指出，眼球的視點跳躍將會容易許多。

人在閱讀時，還會出現一些其他相關的問題，這方面就留待下一個學習階段再進行討論。接下來，我想談談，如何成為一位有閱讀效率的讀者。

一些閱讀輔助的養成

讓我們接續上面那個練習。請你再與參與練習的伙伴面對面，並用你的手指朝著對方隨意地畫上一大圈，讓對方的雙眼能跟著手指移動方向做轉動。你會發現，對方的眼睛隨著你的手指比畫的路徑繞圈。

換句話說，人的眼睛如果要隨著一定的方向移動時，需要有一個外在的視覺指引，因為眼睛就是為了追蹤移動的物體而設的。基於這個眼球轉動的現象，我們在讀書時，應該善加利用一些輔助閱讀的工具與方法。現在請你短暫回想一下，你剛剛在計算自己的閱讀速度時，如何數算所讀過的行數？當時，你很可能用自己的食指或是用一枝筆幫忙計算到底讀了幾行，是不是？你直覺地想用食指或筆來幫助眼球移動的進行，這樣的做法是正確的。因為光靠雙眼來數那些讀過的行數，速度會放慢，數算的結果也會比較不精確。閱讀的情形也是如此，如果能有視覺的導引，閱讀的進行會比較有效率。

請你留意學齡前兒童讀書時的狀況：在沒有師長的教導下，他們會不自覺地讓手指在書頁上移動，引導閱讀的內容。可見，孩子在未上學前，學習狀況已經很上軌道了！然而，這些兒童用手指做閱讀指引時，往往會被大人以無法提升閱讀速度為理由而加以勸阻。在這裡，大人的意見偏偏跟有科學根據的閱讀方法相反，實在令人遺憾！一如方才的練習所得出的結果，我們的眼球會跟隨移動的物體做轉動。有了手指做移動性的視覺標識，我們的眼球就可以在字裡行間的閱讀中獲得清楚的引導。如此一來，你在讀書時，就不會再出現視線離開書本或是心不在焉的情形了。

現在請你親自試試看，翻開那本閱讀練習的書，並把你的食指放在內文的第一行下方，讓食指由左至右做全行的移動，並用這種方法讀上好幾頁。

剛開始時，你可能會覺得不習慣，比較無法掌握前幾分鐘所讀過的內容。不過，你還是要讓你的腦部去適應這種以食指輔助的閱讀方式，最遲在十分鐘過後，你就會習慣手指在頁面上的移動了。如果你已經習慣讓食指成為輔助閱讀的工具，你就不須再花精神注意自己是否每次都記得要這麼做，因為，這個技巧已經成為你的「無意識能力」了！

對於這個建議，人們或許會不以為然，因為，讀書時把手指放在書本上，總讓人顯得很幼稚。因此，我在這裡要特別提醒你，使用手指的閱讀練習，每天只需要二、三十分鐘便可，這樣一來，你就可以不必去顧慮按照我的方法進行閱讀時，是否一定得把手指放在書本上了。有了手指的引導，不只可以解決某些閱讀的問題，就連提升學習效率最具決定性的「3-2-1練習」也少不了它。我將在本書中逐步介紹一些與手指引導閱讀有關的練習。首先，我要說明的是，學習者如何在自行訓練閱讀時，使用這項輔助閱讀的技巧。

如果在看書時，把手放在書本上的動作讓你覺得不舒服，其實你可以在非練習時間把手拿開（只不過在缺少手指的引導下，眼球的移動還是會受到限制），但是，你仍必須使用剛才學到的那個閱讀方法，也就是用雙眼一次攝入一個由好幾個字詞所組成的意義單位。

在此，我還想強調一點，當你的閱讀能力增強時，你的手在書頁上的移動方式也會完全不同。這時你的手心和書本會保持一點空隙，你的手只在頁面的中間地帶稍微左右擺動、下移。習慣有手的輔助之後，你也可以採取另一種手部姿勢。你可以將食指與大拇指連成○字狀，改以中指來引導閱讀。

請特別注意，讓手腕來帶動手部的移動，而不需要費力地動用整隻手臂。現在請你翻開那本選定做閱讀練習的書本，讀上幾頁。剛開始練習用手當做輔助閱讀的工具可能會讓你有生硬而笨拙的感覺，而且，手和眼睛之間也會出現協調的問題。不過，在經過短時間的練習後，這種不協調的情形就會有所改善，手部也可以毫不費力地滑過一行又一行，就好像雪橇在冰上滑行一樣。

通常當你把手轉到下一行的開頭處時，會傾向於保持跟上一行起步時相同的移動速度，我建議你，應該試著用較快的速度把手跳到下一行的起點。翻頁時，你可以使用左手；如果你是左撇子，就改用右手來翻頁。

我個人認為，拿筆來輔助閱讀可能要比用自己的手指更有幫助，這一點你不妨親自體驗看看。不過，後來你會發現，當閱讀速度已經增快時，許多人還是會再回頭使用手指做為輔助的工具，畢竟使用自己的手指頭，會讓人覺得與書本的內容比較親近。當你已經習慣這個新的閱讀技巧時，請你再花一分鐘的時間進行閱讀測試，算出這次的閱讀速度是多少wpm。隨後你將會發現，自己的閱讀速度變快了！儘管我們這時還沒有正式進入主要的閱讀訓練呢！

有了手指或筆的輔助，你在閱讀時，就可以省下找尋下一行起頭的時間。你的雙眼不需在整個頁面上不斷來回地躍動著，它們可以依照手或筆的導引，流暢地閱讀每一行的文字，不會再有疏漏或重複閱讀的情況出現。

此外，你還會發現，自己在閱讀時的注意力與集中力提高了不

少，這是因為，使用手指輔助閱讀的方法完全符合人類認知的運作機制。對於人類的生存而言，移動的東西可能潛藏著威脅與危險。只要有物件移動的地方，我們的一些感官就會特別地留神，不管我們願意與否，這種警覺的機制早已在我們的基因中設定好了！現在讓我們拿在圖書館讀書的學生做比方：當圖書館快關門時，這些學生通常能夠很精確地說出，誰在什麼時候來過？外表的打扮如何？從書架上取出哪一本書？但是，他們可能不清楚正在刻苦研讀的教科書內容。可惜書頁上並沒有會動的東西。如果喜歡把目光投向人來人往的圖書館門口，情況就會更糟！

用手指來導引閱讀，等於是讓你的身體參與了閱讀的過程，而且，除了視覺之外，你還可以在這個過程當中額外使用另一個學習管道：觸覺。關於人類的感覺經驗對於學習的意義以及學習時所能運用的感官途徑，我會留待學習的第三階段（資訊的儲存）再深入做討論。由於手部在閱讀時的移動很具規律性與節奏性，所以，處理這方面的訊息還會動用到人類右腦的若干特質。

如同我在前面所提過的，手部的姿勢與移動方式在閱讀訓練開始不久，就會產生大幅的變化。在閱讀訓練以外的時間，你如果將手拿開，那麼使用手指做閱讀導覽所帶來的助益將會部分地消失。你如果在內容中碰到比較困難的地方，你就會再重新把指頭放在書本上了。

以意義為單位的訊息吸收方式是一項關鍵的閱讀能力，現在，讓我們來談談，你該如何學會這個方法。以後即使在沒有手或筆的輔助情況下，也可以繼續使用這項閱讀技巧。

擴大雙眼的聚焦範圍

為了訓練你如何擴大雙眼的聚焦範圍，現在請你先注視著本行的第一個字，然後再接著看第二個字，這時請你觀察一下，自己是否還能認得第一個字？當然可以！請你再接著看第三個字，這時，你還能看到第一個字嗎？如果還看得到，請你繼續跳到第四、第五個字，看看是否同時還看得到第一個字？

眼球在「凝視」的狀態所吸收的訊息會被導往視網膜，視網膜並非在每個部位都擁有相同的辨別物體的能力。視網膜的中心凹區擁有最敏銳的視力，如果物像或文字落在中心凹區旁的邊緣區，那麼，這些影像就會變得模糊。每個人在一定的視野範圍內都能清晰地看到目標物，所以，我們應該逐步地訓練自己，把視野的幅度範圍運用在閱讀上，如此一來，我們就可以在閱讀時，很順利地一次攝入好幾個字詞。

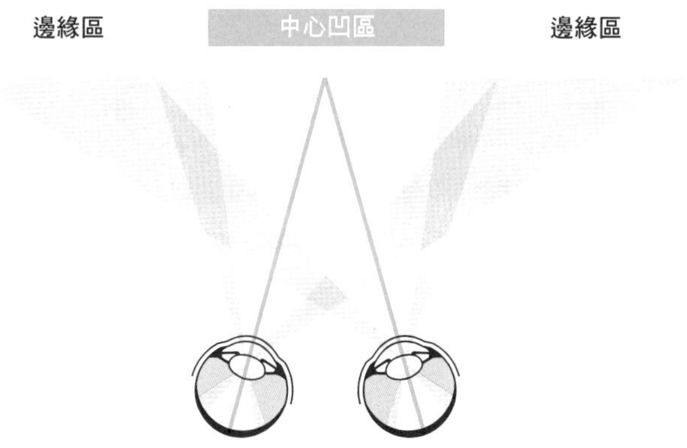

此外，女人比男人與生俱來擁有較寬的視覺場域，這可能跟男女兩性數十萬年來在生活中必須擔負不同的工作任務有關。讓我們看

看那些住在山洞裡的原始先祖們的性別分工現象。從現代人的眼光看來，我們可能會覺得這些遠古時代男女分工的生活狀況很有趣，然而，這個演化階段卻對人類的大腦，特別是基因方面，產生了決定性的影響。

在原始時代，女人會停留在居住的洞穴附近，負責採集一些莓類與植物，並且注意洞穴附近是否有任何的危險出現，因此，女人具有環視的能力是很重要的。女人的視網膜中心凹區比男人要來得大，視野也比較寬廣。男人負責狩獵活動，必須長途奔走，並且還要特別盯住遠處的獵物，不能讓牠們逃出視線的範圍。為了鎖定遠方的獵物，男人擁有遠距的視力是很重要的。

以上是關於男女視覺差異性的學術基礎，目前坊間有出版幾本看起來比較像「幽默諷刺小品」的書籍，它們都是作者根據這些理論撰寫出來的。這些作者大多是出於開玩笑的性質，而拿這些研究成果來解釋下列的現象：女人即使在暗處，也可以在視野的範圍內看到一件放在五十公尺外的髒內衣（或是一根掉落在大衣上的金髮），不過，她們卻無法察覺迎面而來的車輛所打出的警示燈訊。男人如果轉身看別的女人時，經常會被身邊的伴侶責怪，其實，女人也經常在注視陌生的男子，只是她們視野比較大，不需額外轉動頭部或身子罷了！

現在請你逐步地將你目前的視野範圍運用在文字的閱讀上。當你剛開始用手做閱讀導引時，可以先將手指放在一行開頭的第二個字，然後再向右移動到倒數第二個字再做停止，至於第一個字與最後一個字，你可以自行讀取。請你現在立刻在那本專做閱讀練習的書本上，花數分鐘的時間做這項練習。剛開頭的幾分鐘，你會發現，比較無法掌握閱讀的內容，這是很自然的現象，你必須適應這個手部動作的改變，很快地，你將不會覺得，這個移動手指的新方法會給你製造閱讀上的困擾。如果你能再多做一些練習，你的手部就只需在內文中間三分之一的地方來來回回地移動便可。

當你準備做3-2-1練習之前，你應該花一天的時間讓自己在讀書時能習慣使用手或筆做閱讀的指引。然後再花一天的時間做擴大視野的閱讀練習，也就是讓眼睛能同時攝入全行的文字（從第一個到最後一個字），並且盡可能地將手放在書頁上做閱讀導引，每次至少二十分鐘。

3-2-1練習 ——•

現在讓我們進入第三天的練習，也就是對於提高閱讀效率最具決定性的訓練：「3-2-1練習」。最近這幾年，我親自檢驗了許多相關書籍與課程所倡導的閱讀技巧的實用性，其中大部分的方法只會讓你白費時間，根本無法真正地提升理解力與閱讀速度。接下來的3-2-1練習，主要是我藉由使用「結構式圖卡」所發展出來的，我認為這個方法是你提升閱讀成效的關鍵。現在就讓我們開始吧！當我介紹完3-2-1練習時，我會為整個訓練計畫做一個概括性的總結。

請你現在拿起那本專做閱讀練習的書，並用目前的閱讀速度進行三分鐘的閱讀，然後，再把你在這三分鐘內所讀完的內容用筆標示出來。接下來，請你回到那段內容的起始點，重新再把它讀過一次，不過，這次的閱讀時間不是三分鐘，而是兩分鐘。為了加快閱讀的速度，你必須以較快的速度做手部的移動。如果你無法在兩分鐘內完成，就請你再重新練習一次，直到你能達到這個時間的要求為止。當你重複練習幾次之後，你會發現，為了達到訓練的目標，你的手在第二輪閱讀時，移動的速度加快了許多。最後，請你再讀一次先前所標出的內容段落，時間限制為一分鐘，這時你的手在字裡行間移動的速度，必須比第一輪的閱讀練習快上三倍。你會覺得手指移動的速度很快，就像在飛騰一樣，不過，你的手仍要在頁面上一行一行地滑過，不能因為快速而有所馬虎。如果你剛做3-2-1練習，在移動手指時曾漏掉一行，這時請你不要氣餒，仍要繼續做這項練習。這一輪的要求跟前兩輪的練習是一樣的：如果你無法在一分鐘內讀完先前所標出的部分，就請你再重複閱讀一遍。如果你的閱讀能力在接下來這幾天有進步，那麼，你的手指就只需要在每行文字的中間區段來回地滑過便可。這也意味著，你對這個3-2-1練習已經駕輕就熟了！

當你在進行第二輪和第三輪的練習時，你的閱讀速度會大幅地增快。由於閱讀能力的養成還要再經過好幾天的3-2-1練習才能達成，這時，你的閱讀理解力會無法跟上閱讀速度的進展，在這段練習期間，你反而比較無法掌握閱讀的內容，這是很正常的情況。因為，3-2-1練習主要是在加快閱讀速度，而不是在加強理解能力。當然，等你經過多次反覆的練習，已經具有速讀能力時，加強理解力就會成為我們改善學習能力的重點。

請你重複一或兩次這個3-2-1練習。接下來，請你再花一分鐘的時間，閱讀一段你最能掌握的文章，而且不需刻意加快閱讀的速度。練習完後，請計算你的閱讀速度，這時，你會發現，你的閱讀速度變快了，而且理解力也在逐步地增進當中。為什麼會這樣呢？3-2-1練習如何讓我們的閱讀速度與理解能力獲得改善呢？

現在，讓我們來談談一個與駕駛有關的實驗。實驗剛開始時，受試者以時速一八〇公里的速度在高速公路上開車行進。接著，研究人員會把駕駛座前面的計速表遮起來，請他們駛離高速公路，並要求他們把車速放慢至時速五〇公里。實驗結果顯示，所有的受試者雖然都認為自己已將車速降至時速五〇公里，然而，他們實際的行車速度卻在時速八〇至一〇〇公里之間。這是因為這些受試者已經習慣了剛開始的快速而改變了自己對於速度的感覺。換句話說，他們已經改變了自己對於速度的主觀認知，以前覺得快速的車速，現在會讓他們覺得慢得令人無法忍受。

3-2-1練習也跟開車一樣。你在三分鐘內所讀完的內容段落，接下來，你必須各在兩分鐘與一分鐘內讀完它，這時，你的大腦就會習慣較快的閱讀速度。當你接著用最好的理解力再重讀一次時，你會認為，你的閱讀速度其實跟以前沒什麼兩樣，可是，測出的閱讀速度卻證實，你的閱讀速度的確變快了。這是因為你的大腦已經改變了原本對於速度的感覺，已經習慣新的閱讀速度了。

在閱讀訓練以外的時間，也就是平常在做閱讀時，你不需刻意去加快自己的閱讀速度，只要用自己覺得舒服的速度閱讀便可。如此一來，你才可以不必顧慮，是否在較快的閱讀速度下，會降低自己對於內容的掌握度，因為，自然的閱讀速度本來就會讓你擁有最佳的理解能力。我雖然一再強調，要用平常心來看待自己的閱讀速度，不過，你在經過每次的閱讀訓練後，閱讀的速度確實會加快，而且，理解力也會進步，因為，你在閱讀時已經變得比較有效率，已經逐漸學會了以文字群組、以意義做為吸收訊息的單位。

你必須再次提醒自己，3-2-1練習與理解力的提升無關，這個閱讀訓練主要是在增快閱讀的速度。因為，如果你要學會速讀，就必須讓自己超越原本的閱讀速度。只有當你的行為離開所謂的「舒適區」時，腦細胞之間才會產生新的連結。如我們所知，這些新連結的生成，對於學會一項新的能力絕對是必要的。

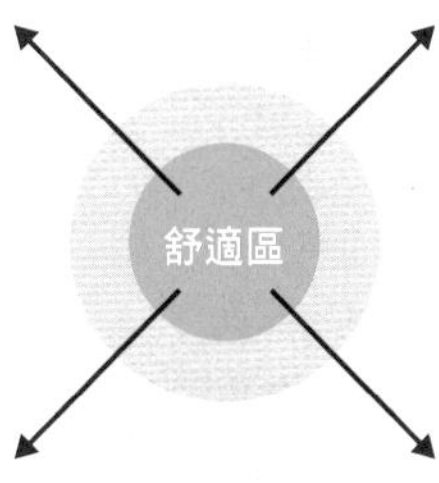

現在，讓我們拿運動健身做比方。對於沒有運動習慣的人而言，晚上舒服地躺在沙發上，是一種相當符合「舒適區」的行為。如果我們想要鍛鍊身體，改善體態與體能，就必須離開原有的「舒適區」，例如，出門去慢跑。閱讀能力的培養也是如此。如果你在第三輪的閱讀時，閱讀速度比原本讀速加快三倍，那麼你會大大地跨出你當時的「舒適區」，每一次跨越「舒適區」的嘗試都會加速我們開發這項閱讀能力。很快地，新的閱讀行為會因為「舒適區」的擴大而成為「舒適區」內的行為，雖然，它在不久前，也就是「舒適區」還未擴展時，被視為「舒適區」以外的行為。現在，我們讀書時，閱讀速度已獲得大幅的提升。

在做3-2-1練習時，你不一定要特別去留意，眼球是否一次攝入了好幾個字詞。你的手如果在字裡行間移動得愈快，你的眼球在每一行所做的躍動就會愈少。透過這項速讀訓練，我們的腦部會被迫在每一次視點跳躍時獲取好幾個字詞，同時腦部也會將每一行的文字做最好的切割，以利眼球的躍動與訊息的傳導。這些事會自然地發生，請相信你的腦部運作。

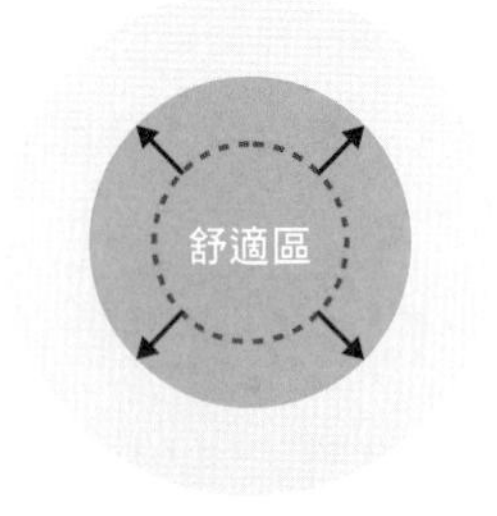

此外，你還可以藉由這項速讀訓練學會縮短眼球凝視的時間，也就是眼球躍動時停留在字詞上的時間。你的眼球確實可以在幾分之幾秒內讀到一些字詞，你只要讓雙眼稍微在四下做察看，就會發現，我們的雙眼可以在瞬間吸收到許多的資訊。

可是，為什麼人眼在碰到文字時，情況就改變了呢？當我們對於書本的內容有不了解的地方時，通常我們會一而再地重讀它。人在讀書時，甚至盡全力地用雙眼盯著難以理解的地方瞧著，好像要把它催眠一般，彷彿這樣就能讓自己理解這段文字內容。會這麼做，是因為對於人眼在閱讀時的運作方式有錯誤的認知。眼球是唯一能夠傳入視覺訊息給大腦處理的感官，文字透過雙眼傳達到腦部不用一秒鐘，繼續讓雙眼停留在這些文字內容上並無益處。也就是說，眼球只會傳遞訊息，並不會為我們處理學習資訊，所以，當你碰到艱深的內容時，最好要闔上你的雙眼，讓大腦能繼續處理這些資訊，並請用你的右腦把這些內容圖像化。

特別是當你在準備考試時，閱讀速度並不重要。而且在書本的內容重點上，你必須多給自己一些時間，讓大腦好好地去整合已閱讀過的訊息。至於該如何整合這些訊息，我將會在學習的第三階段「資訊的儲存」再做說明。既然你已經做過一些閱讀方法的練習，已經學會在讀書時，以文字群組的整體意義為吸收內容訊息的單位，相信你這時的閱讀速度與對文章的理解力已經進步了不少。這時，請你不要把速讀所節省的時間用來閱讀更多的內容，或是拉快學習的進度，而是要更積極地整理已經學習過的內容。請你再回到自己讀過的學習重點，並且試著把這些新進的資訊與大腦中既有的知識做整合。這個速讀的技巧可以讓你省下不少的時間，足供你做這些重點整理的工作。

為了達到理想的閱讀效率，你應該有一個星期的時間，每天多次重複這個3-2-1練習。至於你要花多少時間做這個速讀練習，就得看你自己的意願了！如果能夠重複愈多次練習，你的閱讀能力就會進步得愈快。我很少聽到參與閱讀訓練的學員向我抱怨，他們無法挪出時間做這樣的練習。因為，只要稍做幾次3-2-1練習，所能省下的時間是你花在練習這項速讀的時間的好幾倍呢！

當為期一個星期的3-2-1練習快要接近尾聲時，請你再花一分鐘的時間，用能充分理解內容的閱讀速度自行檢測當下的閱讀速度，並將數據填入下方的表格內。這張表格上的數據能讓你清楚地知道，自己的閱讀能力正逐步地改善中。如果你發現連續做兩、三天的3-2-1練習都無法讓閱讀速度加快時，請你記住自己目前的閱讀狀況，繼續做這項速讀練習，不要放棄，那麼，下次的進步便會自然而然地出現了。

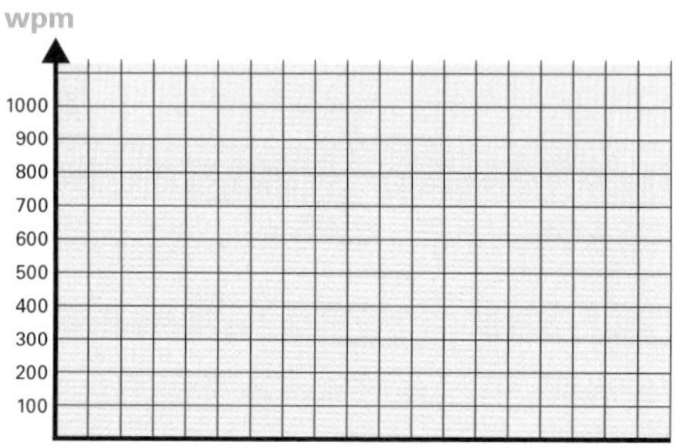

如果需要其他的方法

我剛剛已經介紹了對你最有助益並且能保證學習效益的閱讀訓練方式。如果你還需要一些其他的閱讀技巧做交替練習，下面我還有幾個方法：

⊙ 閃電閱讀的技巧

為了進行這個「閃電閱讀」的練習，你需要一份報紙和一張紙卡（或是一張硬紙板）。請你用這張紙卡遮住報紙上某個專欄或某個報導的第一行，然後再把這張紙卡迅速地下拉再上移，讓眼睛能在這一瞬間瞄它一眼。這時，你必須能夠掌握文字的內容，如果還無法達到，請你再一次快速地上下移動這張紙卡，直到你確實了解為止。

當你讀到我在本書中討論學習的第三階段「資訊的儲存」時，你就會知道，人們可以透過眼球朝左上角移動，來幫助自己進行瞬間的閱讀，而且，你還可以藉由這個眼球轉動的方向活化你的視覺學習管道。到時請你記得留意討論資訊的儲存時，對於學習管道所做的相關說明。

在德國平面媒體界擁有最高發行量的八卦報紙《畫報》，每行平均的字詞數頂多只有三至四個，對於那些想要增快自己閱讀速度的人而言，是最理想的練習材料。一旦你覺得《畫報》讀起來輕鬆容易時，你可以考慮再換每行字數較多的報紙做閱讀訓練。內容風格比較嚴謹的報紙每一行大都有五、六個詞，對於人眼一次視點跳躍所能攝入的字詞數而言，它還在人類視覺能力可及的範圍。你只要稍加練習，很快地，當你在看報時，就不必使用手指做閱讀輔助，只需把一張紙卡放在一個內文方塊的中央，持續朝下方移動就可以了！

視點躍動法

你還可以用所謂的「視點躍動法」做為第二個補強3-2-1練習的方法。在做這項閱讀練習時，只能讓眼球在一行文字當中出現二至三次的視點停留，不需手指做視覺導引。可以先在預定進行練習的書頁上，畫上三條垂直線，你的雙眼在閱讀練習時，只能停留在直線與每一行文字的交叉點上。也就是說，視點只能在每一行停留三次。一旦你可以流暢地做這樣的訓練，而且3-2-1練習也已讓你的閱讀能力有長足的進步時，你不妨把練習閱讀的頁面改畫上兩條垂直線，把視點停留減為兩次。

以前，曾有幾家專門訓練速讀的補習班提倡一種速讀的方法：只要加快眼球轉動的速度，就能提高閱讀速度。這個方法在訓練的初步階段效果顯著，但是，不消多久，接受訓練課程的學員又會落回原來為了加快閱讀的速度，你必須以較快的速度做手部的移動。如果你無法在兩分鐘內完成，就請你再重新練習一次，直到你能達到這個時間的要求為止。當你重複練習幾次之後，你會發現，為了達到訓練的目標，你的手在第二輪閱讀時，移動的速度加快了許多。最後，請你再讀一次先前所標出的內容段落，時間限制為一分鐘，這時你的手在字裡行間移動的速度，必須比第一輪的閱讀練習快上三倍，你會覺得手指移動的速度很快，就像在飛騰一樣，不過，你的手仍要在頁面上一行一行地滑過，不能因為快速而有所馬虎。如果你剛做3-2-1練習，在移動手指時曾漏掉一行，這時請你不要氣餒，仍要繼續做這項練習。這一輪的要求跟前兩輪的練習是一樣的：如果你無法在一分鐘內讀完先前所標出的內容部分，就請你再重複閱讀一遍。如果你的閱讀能力在接下來這幾天有進步，那麼，你的手指就只需要在每行文字的中間區段來回地滑過便可。這也意味著，你對這個3-2-1練習已經駕輕就熟了！

的閱讀速度。那些希望透過眼球快轉提升閱讀速度的人通常會認為，學會正確的閱讀技巧就會立即看到閱讀訓練的成效。這樣的想法其實是一種錯誤的認知。有許多人透過3-2-1練習減少了眼球在閱讀時躍動的次數，並且還加快了眼球躍動的速度，讓自己的閱讀能力獲得實質的進步。然而，這樣的學習成效並非是一蹴可幾的。剛開始接受這項閱讀訓練的學員並沒有立刻成為這方面的高手，他們優質的閱讀能力是透過不斷地練習而逐步獲得的。此外，我還認為，在訓練閱讀期間使用閱讀輔助（移動手指，或在頁面上畫出幾條直線）是絕對必要的，因為，這些閱讀輔助法相當符合人眼在閱讀時的運作方式。所以，在書頁上畫上幾條直線不失為對3-2-1練習的補充方法。

⊙ 3-2-1練習後續的決定性發展

截至目前為止，在提升閱讀能力方面，我們只做了一半。如果我們想要特別加強閱讀的理解力與記憶力，就必須把那些用內在冥想所產生的「結構式圖卡」融入「結構式閱讀」當中。我會接著說明你在第二階段「資訊的處理」所必須學會的一些學習步驟。當你的學習能力逐漸進步時，你會發現，內容的瀏覽與處理這前後兩個學習階段愈來愈融合在一起。此外，我還會在後面為你介紹一些快速翻閱與掃瞄書本內容的技巧，它們的學習成效目前尚未獲得科學研究的證實。

在這裡我想再次強調一點：當你做一般性（非練習性）閱讀時，不要老是把心思放在閱讀的速度上，一直在注意自己的讀速有無加快，或者一次是否能凝視好幾個字。因為，這種處處留心的態度會干擾閱讀的流暢度。總之，請你在閱讀時保持最佳的理解力，這是唯一而且最重要的一點。你如果能按照我在書本中的建議，用一個星期的時間每天持續用3-2-1練習自我訓練，那麼，你的閱讀速度以及對於內容的理解力就會逐步地提升。請你相信這個閱讀練習的方法，不需在做一般閱讀時，老是要分心去做自我閱讀能力的檢測。在訓練閱讀期間，你就可以透過閱讀速度的圖表紀錄，清楚知道你的閱讀能力有多少的進步了！

2 學習流程的第二階段：
資訊的處理

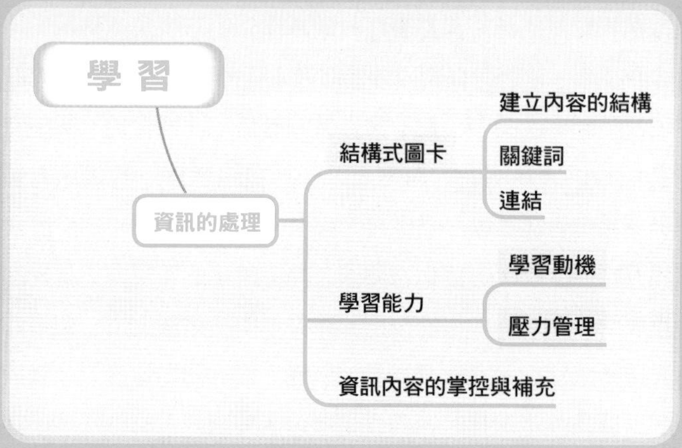

資訊的處理——結構式圖卡

首先，我要在這裡介紹一項與學習理論有關的實驗研究：在實驗開始之前，研究人員先將受試者編成三個小組。實驗進行時，第一組的受試者需閱讀一篇文章，然後再回答研究人員對於內容所提的問題。結果顯示，這些受試者對於那篇剛讀過的文章，所能記下的內容並不多。第二組的受試者在進行閱讀實驗時，可以在文章上面畫線、標上記號。他們後來在接受研究者詢問時，比第一組的受試者記得更多的內容。第三組的受試者在閱讀文章時，可以針對內容做筆記，結果這個小組在隨後的內容測驗的表現遠遠超過了前兩組。

在這裡，我們可以看到一個關於學習行為的法則：學習者對閱讀資料做愈多的處理，對於內容的記憶就愈好，其中最具決定性的是——資料處理的深度。我在本章討論「資料的處理」這個學習階段時會說明，如何在處理資料時，能保有積極主動的學習態度。如果你能過這一關，那麼，到了第三階段，這些資料就能在大腦中經久地儲存，到第四階段時，你就可以把它們順利地提取出來了！現在，讓我們來談談如何用筆記做摘要。

要針對一份資料做筆記，你必須積極地分析與探討其中的內容，辨別什麼是內容的重點，什麼是枝節的訊息，並且要將整體的架構整理出來。目前有許多摘記內容重點的筆記法，其中我認為「結構式圖卡」對於學習最有幫助。除了我在前面提過的「結構式閱讀」之外，在這裡我要討論一個更廣為使用的概念：「心智圖法」。在本書中，我會把「結構式圖卡」與「心智圖」（Mind Map）這兩個專有名詞當成同義辭，交替地使用。

① 心智圖法的優點

首先，讓我們來看看心智圖法有哪些傳統的筆記法所沒有的優點：

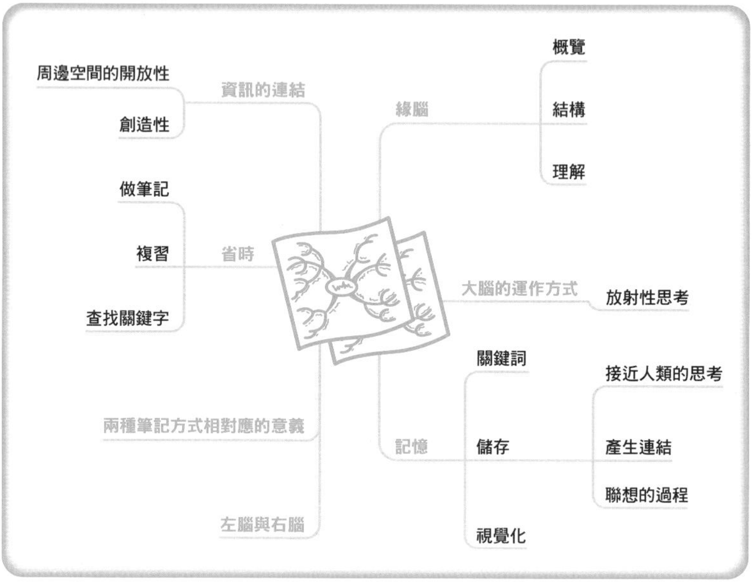

結構與概貌

現在讓我們再回來談緣腦。人類的緣腦對於不了解、無法預期及沒有結構的事物會感到焦慮，對於新知識的學習也是如此。我們剛進入一個新的學習領域時，心裡迷迷糊糊地，沒有任何概念，也沒有預定的學習計畫，而且，無法為傳入大腦的學習資訊，在既有的知識網絡裡找到定位，我們就會覺得這個學習領域超出了我們的能力範圍，緣腦這時會發出的負面反應，成為我們學習的障礙。一旦我們能夠掌握那個知識領域的全貌時，我們在學習時就會有方向感，緣腦對於學習的抗拒也就自然而然地消失了。所以，你在讀書時，應該把所有重要的訊息總結在一張心智圖上。當學習的架構與概貌顯現時，緣腦就會配合你的學習行為，不會再焦躁不安，不會再扯後腿了！

心智圖法除了是一種高效率的閱讀方法（所謂的「結構式閱讀」）之外，它還是一種非常有效的筆記法。這套以視覺為導向的圖法，採用樹狀的線條構圖層次，並結合關鍵詞、顏色與圖形，是一種廣受好評的學習方法。在一張心智的樹狀繪圖上，你可以依據訊息的重要性，分別在主幹與支幹上寫下關鍵詞，數量多寡完全由自己決定。當你使用心智圖做筆記時，應該把要研讀的資料主題的關鍵詞寫在心智圖中央，因為，主題的關鍵詞正是內文的核心所在（相較之下，傳統線性行文的筆記法會把主題當成標題，寫在筆記紙的上方邊緣處，而我們的大腦比較無法理解這種記錄重點的方式）。一份資料最關鍵的重點，從意義上來說，當然要放在心智圖的中心點，然後再從這個中心點出發，陸陸續續衍生出所有的想法。決定整體內容架構的主要想法，會直接與這個中心點相連接，它們的關鍵詞會放在主幹的線條上。這些主幹會往外發展出幾條支幹，以收納次要的訊息，它們都出現在心智圖比較外緣的部分。

在這張知識的樹狀圖上，你還可以把主幹所分生出的支幹，在新的紙頁上發展出另一張相關的心智圖。這張子圖中心點的關鍵詞，出自那張母圖的支幹，你可以從這個中心點引出幾條主線與支線，陸續加入訊息，讓它成為另一張完整的心像繪圖。如果母圖的支幹上已經衍生出另一張心智圖時，請記得在母圖的支幹上做標記，以利自己掌握整體的訊息結構。對於大量而複雜的資訊，你也可以藉由這個方法把它們分層分類地架構在這些樹狀圖上。目前還沒有一種筆記法能像心智圖法一般，可以把一份資料的重點與結構成功地視覺化。即使你所研讀的資料只是一篇文章，你最好還是使用心智圖來掌握它的結構。

腦部的運作方式

心智圖法還有另一個優點：心智圖的構圖法具備開放性與系統性的特點，它能讓大腦的思緒做自由放射與自由聯想，激發出無限的創意，又能有系統地將各類想法與資訊整合並組織起來，完全符合大腦的結構傾向與運作方式。

在學習的第一階段「資料的瀏覽」時，我們已經討論過人腦的內部機制。人類的腦細胞之間存在著許許多多突觸的連結。只要一個腦細胞接收到外在刺激，經由這些突觸的連結，周邊的腦細胞也會收到這些訊息，它們所儲存的資訊也會同時被活化起來。由此看來，我們大腦的思考模式是具有擴散性與聯想性的。腦細胞之間的突觸連結就好比是有空間向度的立體（3D）心智圖，而心智圖則是這種腦部結構的平面性（2D）再現。

長期以來，一般人總認為大腦是以線性模式處理輸入的訊息。這個看法，充其量只是對於人類言談與書寫方式的觀察結果，並不具正確性。不論是口語或是書面的方式，人類基於限制，只能用線性的模式向別人傳遞訊息。

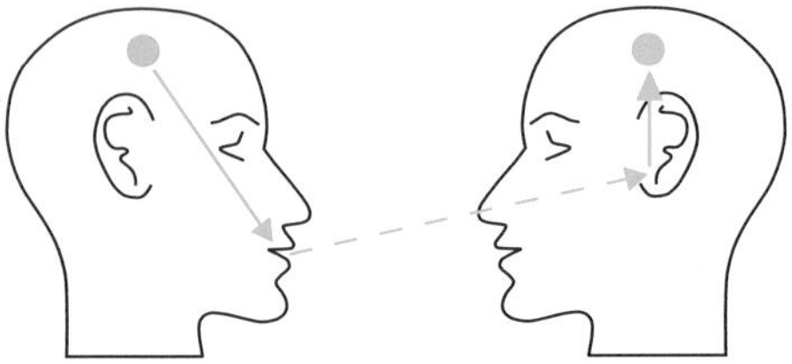

然而，大腦處理訊息的模式卻不是直線式的。人類的思維是人腦細胞裡每秒數百萬、數千萬次化學反應的結果，它的產生並非循著線性與邏輯性的途徑，而是擴散性的訊息連結過程。關於這個現象，我們可以在自己身上做最好的觀察：我們的思緒狀態是從一個想法轉到另一個想法，而且，每一個想法又可以引發相關的訊息。有時，當我們在跟別人談話時，還會突然冒出這樣的念頭：「我的天啊！這件毛衣多麼特別！」可見，人腦的運作方式不是以線性、而是放射性的方式進行的，這就跟心智圖的結構布局一樣，都是從中心點的主題出發，再向外連結其他相關的訊息。

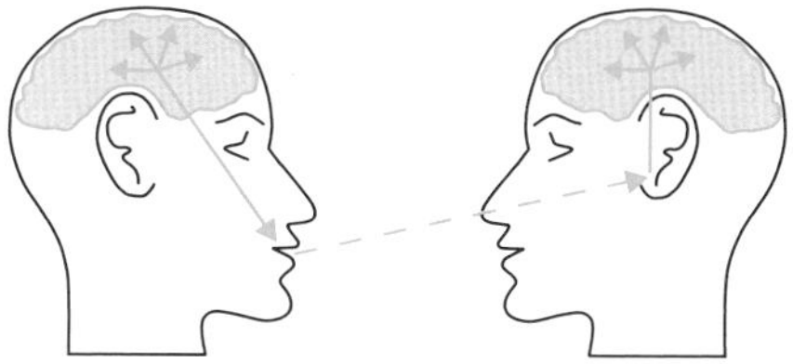

人與人之間的溝通行為會有兩個轉接點：當某人要告知對方某事時，必須把他腦子裡呈放射狀的訊息轉化成條列式的語文表達；而接收語言訊息的另一方，則必須把這些線性訊息還原成放射性的思考模式，以利大腦做處理與儲存。這裡還出現一個問題，我們可以有效率地完成訊息形式的轉換嗎？我的建議是，當你要動筆寫一本書或是準備一場演講之前，應該先將自己的放射狀思維寫下來，而且最好能用心智圖呈現出來，接下來，才去考慮口語或文字表達的線性順序。心智圖法可以幫你找出一本書或一場演講的結構，可惜的是，我們從小到大，學校裡的老師或教授只負責知識的傳遞，並不會教導我們這個學習步驟，因為，這些師長根本不知道有這麼好用的學習工具。

身為學習者，我們無法就傳遞知識的方式發揮任何影響力。我們大可以指出這些傳遞知識者的不足之處，然而，大多數的學習者只有被動而沉默地接受一本書或一場演講。他們所能做的，就是將這些線性的資訊內容還原成放射狀的思考模式，並且把它們繪製成心智圖。這些傳入的訊息經過處理後，已與大腦的結構傾向相符，於是，大腦便可以輕鬆地儲存這些訊息。

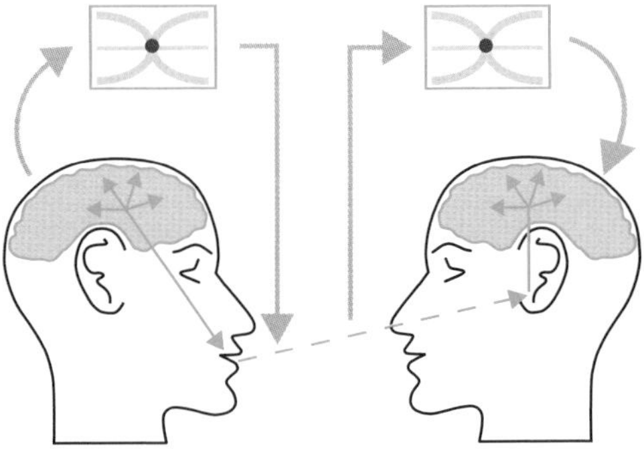

傳遞知識的人是否能做完整的結構性思考，都會在這個學習步驟中被清楚地檢驗出來。使用心智圖法接收和處理訊息，你很快地就會發現一本書或一場演講有哪些地方還不完備。資訊的內容如果是用條列式的呈現方式，當中的錯誤與缺失就不容易被發現。學習材料內容上的疏漏，往往會造成學習者在理解與學習方面的問題，如果你也碰到這種情形，不妨使用心智圖筆記法，自己找出作者的失誤。

將內容簡化成關鍵詞

使用心智圖處理資料，可以大大提升學習者對於內容的記憶力。這是因為資訊的處理會變得精細許多，而且，把重點從直線進行的文字描述中挑出，再以放射狀的方式呈現在心智圖中，有利學習者掌握重點之間的關聯性。大腦在接收這些與它的結構相符的資訊時，幾乎不用再費神去思考，就能理解與吸收。我們都用一篇文章，用這種線性行文的方式，來鋪陳自己的想法。如果使用心智圖法，就必須把資訊內容以平面（二度空間）樹狀圖的方式傳遞出來，這時，你不只是要寫出一行行的文字，還要整理出內容的整體結構。雖然要完成心像繪圖需要一定的思考能力，不過，也只有這種思考能力，可以讓你獲得真正的學習成效，因為，在學習過程中深度地處理資訊內容，將有助於學習者事後對於內容的記憶。

此外，心智圖法採用關鍵詞的原則，也是提升學習者對於訊息記憶力的主要原因之一。一個人對於一本書或是一場演講能記住多少內容，主要是跟他是否能盡可能地將內容簡化為幾個關鍵詞的能力有關。人類的右腦無法處理線性的文句，我們的大腦，包括專門負責文字訊息的左腦在內，也無法一字不漏地儲存這些句子。所以，一般線性行文的筆記，把句子從學習內容中直接抄寫下來的做法，是不利於學習的。關於使用關鍵詞方面，我們最需要注意的是，要用最少的關鍵詞來歸納一個段落的內容，有時，一個段落使用一個關鍵詞就夠了！這個關鍵詞會被大腦納入既有的知識網絡中，日後這個關鍵詞有機會被觸動時，那個段落的內容就會再度在腦海中浮現出來，因為它們與關鍵詞具有關聯性。

假設你目前是在一個聚會的場合，大家必須輪流講笑話。等到換你說笑話時，你的腦子卻一片空白，就是想不起有什麼笑話可以說出來娛樂大家。還好，你有一個好朋友剛好也參加了這場聚會，他知道，你經常說一個關於青蛙的笑話，於是他對你喊著：「就說那個青蛙的笑話吧！」光是「青蛙」這個關鍵詞，就足以讓你想起那個笑話的全部內容，說不定這個笑話的內容篇幅不算短，還超過一頁呢！不過，重點是，你只透過一個關鍵詞，便啟動了你對於那則笑話的記憶。

如果能學會正確的學習技巧，那麼往後你在閱讀書本或資料時，只需讀一遍就夠了。如此一來，你可以節省許多時間，而且，處理資訊的方式與流程也會簡化許多。你的書桌上將不會再出現成堆的書籍、雜誌與文本，而是寫有關鍵詞的結構式圖卡。因此，從學習內容的字裡行間刻意找出關鍵詞是必要的，我們也可以藉由這個方法來濃縮學習的內容。

因為人類的大腦在儲存資料時，比較無法儲存整句的文字訊息，所以，學習者必須為這些段落的內容找到相關的關鍵詞。如果我們無法成功地找到關鍵詞，就無法記得那個段落的內容。關鍵詞的挑選還有一個基本原則：愈少愈好，有必要才選。我在本章介紹心智圖法的規則時，對於如何找到恰當的關鍵詞以及相關的訊息，有詳盡的說明。在此請你務必記得，當你完成結構式圖卡後，要緊接著溫習圖卡上的關鍵詞。當你需要這些資訊時，只要想起關鍵詞，跟關鍵詞相關的內容就會被自動地喚起。一如我們在前面所提過的，這些線性鋪陳的文字資訊是與關鍵詞相連結的。

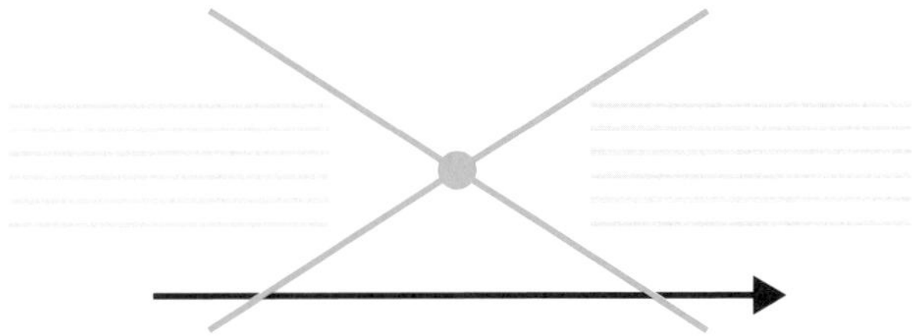

在這裡我還要特別強調，系統性的複習工作也非常重要。如果你繪製出一張心智圖，卻在完成後把它擱在一旁，好幾個月都不管它，那麼心智圖上的關鍵詞就無法讓你再回想起那些相關的資料內容。所以，你必須在完成心智圖後，隨即活化這些關鍵詞，而且，還要在一定的時間間隔下，重複地進行複習。這種系統性的複習工作只需少量的時間，卻能收事半功倍的學習效果。關於這個定期複習的計畫以及技巧，我會在學習的第三階段「資訊的儲存」再做說明。

你的大腦可以透過聯想的技巧，輕易地把重要的關鍵詞連接在一起。一如我在討論人腦的知識網絡所提到的，關鍵詞之間的連結，對於大腦儲存資訊具有決定性作用。學習者如果使用結構式圖卡，就可以突顯要點，並讓它們在空間上能彼此接繫在一起，不像傳統的條列式筆記，重點被淹沒在一行又一行的文字當中，而且還彼此分離，無法凝聚在一起。所以，製作結構式圖卡確實可以顯出重點，並把它們做有意義的連結。

使用心智圖法可以提升記憶力的原因還不止於此。心智圖屬於圖像性資料，各有各的構圖、顏色與圖形，都是獨一無二的。特別是手工親筆製作的心智圖，就像畫畫一樣。要學習的訊息經由心智圖筆記法成功地視覺化之後，我們的右腦就可以輕鬆地把它們儲存起來了。

使用這套學習方法，學習能力就能有長足的進步，以後在閱讀一本書或是一份文字資料時，只要讀過一遍就夠了。除非還想對內容做更具深度的掌握與理解，而想再重新讀過一次。不過，你也可以透過進階的3-2-1練習（這方面會在下一個章節做介紹），在第一次閱讀資料時，就對內容達成深度的理解。

左右腦並用的全腦學習

把文字資料視覺化，製成一張張的心智圖，如此一來，我們右腦就可以參與學習。當你在結構式繪圖上使用愈多顏色、象徵與圖案，右腦涉入學習的程度也就愈深。左腦則適合處理文字方面的訊息。所以，只有左右腦並用的全腦學習才是最理想的學習方式。

如果有人認為，心智圖法比較適合慣用右腦思考的人，可就大錯特錯了。事實正好相反，儘管傾向用左腦思考的人剛開始使用心智圖法時會有困難，他們卻可以在學習這種筆記法的過程中整合自己的左右腦，而獲得良好的學習成效。不管學習者偏好使用左腦或右腦，或是傾向於文字性或圖像性的學習內容，最後都要試著整合左右腦，才能達到全腦的學習。一般人慣於使用左腦，而左腦經常會質疑新的學習技巧，所以，剛開始使用心智圖法時，我們會認為這種圖像式筆記看起來亂七八糟！人類的左腦專司條列式的文字內容以及資訊的細節，如果我們能把學習材料的重點做平面的鋪排，也就是說，把成篇的文字內容整理成由關鍵詞所組成的結構式圖卡，右腦所專擅的圖像性思考就能參與學習了！

訊息的重要性程度

此外，我們還必須知道，以傳統的條列方式做筆記時，「時間」是最重要的因素。學習者會把所聽到或讀到的內容以「出現的先後順序」為主軸來記錄重點，這種做筆記的方式並不是環繞著「重點」本身。當我們使用這種傳統的方法做筆記時，如果事後想在筆記本裡找出內容的細部訊息，就必須先循著訊息出現的時間先後順序，在記憶裡做直線性的搜尋。這種純文字的線性筆記法是以學習材料出現的先後時間性為主，至於內容的意義就淪為次要了。

但在心智圖筆記法中，內容的重點就是主角！一份資料的主題重點就位於心智圖的中央，在這張樹狀圖上，位於主幹上的關鍵詞比支幹上的關鍵詞重要，這些結構上的層次，可以讓我們輕鬆掌握內容要點的重要性程度。你還可以透過枝幹之間的連結，得知重點之間彼此的關聯性。當你完成一張結構式圖卡的製作，第一次在複習這張繪圖時，由於還不熟悉其中的內容，你的閱讀是循著主幹與支幹的發展路線進行的。如果你看過這張心智圖好幾遍，已經熟悉這張繪圖的內容，當你在複習時，就只會看到全圖而不會去注意內容的細節了。

節省時間

心智圖的製作，其實可以讓你省下許多學習的時間。相關的科學研究曾指出，用傳統的方式做筆記，其中有百分之九十的字詞是多餘的。如果採用心智圖筆記法，把文意精簡成幾個關鍵詞，不只可以省下許多做筆記的時間，還可以讓後來的複習工作快速進行。因為，使用心智圖筆記做內容複習時，只要再次活化那些關鍵詞就可以了。經過數次的複習之後，由於已經對圖卡的內容滾瓜爛熟，之後的複習只需瞄一下心智圖中央的關鍵詞或相關的圖案，就可以把所有位於主幹或支幹的重點全部活化起來。除此之外，當你在心智圖上查找資料時，只需要搜索關鍵詞，這也會比傳統的線性行文筆記法還要省時。

訊息的連結

心智圖法遠優於傳統的筆記法，因為它是一種開放式的筆記法，你可以在一張心智圖的上下左右四方隨時加上支幹、補上關鍵詞。你可以在已完成的心智圖上得到已經學過的知識，還可以隨時在這些心智圖上添入新的訊息。如果後來又讀到另一份主題相同的書籍或文章，或是對主題有自己的想法，就可以把這些東西加到原有的心智圖內。由於心智圖具有開放性，你可以持續地擴展自己的知識網絡，這是一種很有效率的知識管理方式，而傳統的條列式筆記法必須一行一行地記筆記，事後也比較無法再補充新的資料進去。

如果一張心智圖的平面空間不夠時，可以把位於圖面邊緣的領域當成一個中心主題，再另起一張心智圖，只是要記得在原來的心智圖上做個記號。由於一張心智圖上的字詞並不多，所以我們可以快速地完成製作。我在樹狀的心智圖上所寫入的重點，都會用連接線來標示它們之間的關係，每一個重點又與其他重點有關聯，如此一來，這些關聯性便可以衍生出其他的關聯性。我們可以在短時間內用心智圖法發展出新的想法。因此，心智圖法是最富創造力的技巧之一。

② 心智圖的製作過程

現在讓我們來談談製作心智圖的三個步驟：

結構

首先要掌握文章的結構。這個結構可以在心智圖的主幹上呈現出來。在本章最後，經過3-2-1練習的延伸訓練，你將能在閱讀時就用內在觀想的方式，在腦海中以結構式圖像掌握文章的結構。把文章的結構繪成心智圖，通常有好幾種可能的方式。這方面並沒有標準。不同的人對於同一篇文章所做出的心智圖會不一樣。每個人腦袋裡的知識網絡有很大的個別差異，知識網絡的連結方式不同，製作心智圖的方式也就不一樣了。

例如德文Blatt這個字詞同時有「紙頁」與「葉片」這兩個字義，有人會認為它代表「紙張」，有人會以為是指「樹葉」，還有人會把它與「三葉草」做聯想。在學習方面，這類的個別差異也必須考慮。

關鍵詞

如果你已經透過心智圖上所繪出的主幹得出結構，下一個步驟就是為這些主幹找出恰當的關鍵詞，這是一項可以學習的能力。製作心智圖筆記的經驗愈多，就愈容易找出關鍵詞。如何在閱讀時有推敲關鍵詞的能力？如何運用這項能力？很快地，我就會在後面的3-2-1練習中介紹。

如果不想製作心智圖，只想用線性行文做筆記，至少應該把關鍵詞寫下來。你可以在關鍵詞之間畫上箭頭，讓自己能了解它們之間的關聯性，要在這些箭頭上寫下像「因此」「相反的」「以及」「或者」「例如」「例外」等連接詞，以利於了解關鍵詞之間的關係。

當我們在上演講課或討論課時，經常會有人建議我們，應該用心智圖法做筆記。每個曾做過這方面嘗試的人都知道，這並不是一件容易的事。因為，剛開始時，我們還不清楚演講或口頭報告的整體結構，所以，很難在一張紙頁上把重點分層分類地架構出來。除非我們碰到一位很優秀的演講者，他從一開頭便能讓我們概觀演講內容的梗概與全貌。

我們如果想要學會輕鬆地把一般的筆記轉製成心智圖，確實需要做練習。如何有效率地製作心智圖？以下是我的建議：

請你把一張紙頁橫放，並畫上直線，把它分成三欄，並請在表格上方寫上日期、報告人、報告的主題以及頁碼。在左邊的欄位內，請寫上演講內容中最主要的關鍵詞，它們通常是演講的標題與次標題，相當於一本書的目錄內容。相對於左欄，中欄則是讓你用關鍵詞做筆記的地方。如果報告人又說到一項新的重點時，你可以將重點精簡成一個關鍵詞，並把它填入左欄，然後取相同的高度，在中欄裡繼續做摘要記錄。

右欄的存在則是基於可以隨時添補訊息的構想。當你後來在家裡自行將這份筆記看過一遍時，某些重點可能會激發你產生一些想法；或者，當你讀到同一個主題範圍的書籍時，你想在這份筆記上補充相關的資訊；或是在做講演時，報告人想要對一個已經處理過的題目有所補充，這時，右邊的欄位就派得上用場。下面的圖表格式可以當成這個筆記法的樣本。

主題：　　　　　　　　　　　○　　　　　　　○	日期：
報告人：	頁次：

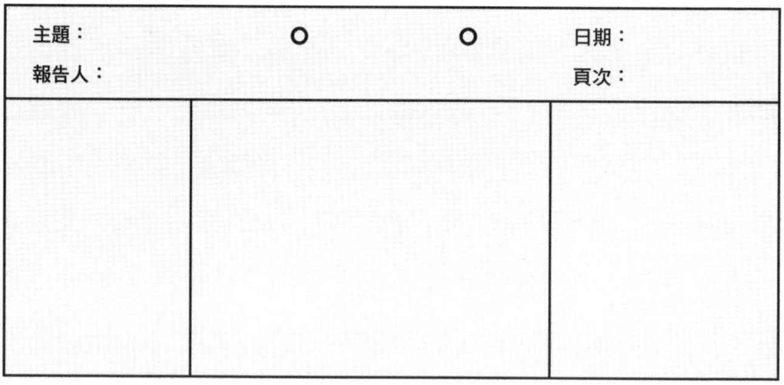

這種筆記法具有心智圖法的優點。在這張橫式的表格上，左欄的功能相當於心智圖的主幹，中欄就如同心智圖的支幹，右欄則可以收納需要擴充的資訊。在聽完演講或口頭報告時，你就可以輕鬆地從這份分有三欄的筆記製作出一張具有結構的心智圖了。

在我所開設的學習訓練課程當中，經常有學員問到，是否可以用卡片來整理學習材料的內容？我的回答是否定的。面積小是卡片的優點，使用卡片的學習者會被迫濃縮學習資料，這對於處理資料雖然是好事，不過，把資料濃縮成關鍵詞的動作往往是被卡片過小的面積所逼急，而不是因為對於內容有正確的理解！在較大的紙張上用心智圖做筆記，學習效益會比較高，因為較大的面積讓你可以充分把心智圖架構出來。請記得，不要因為紙張的面積較大，就回復舊的習慣，用句子做筆記而放棄使用關鍵詞。如果你所要研讀的資料範圍比較龐雜，不妨拿A3的紙張做心智圖筆記。

連結

在心智圖製作的最後階段，你應該用箭頭標示出每個訊息之間的關聯性，因為這些具有指向性的箭頭可以增強你對於資料內容的理解力。在傳統的線性筆記法當中，要做箭頭的標示是不可能的，因為，相關的訊息被分散在不同的紙頁上。許多在線性行文的筆記法當中至

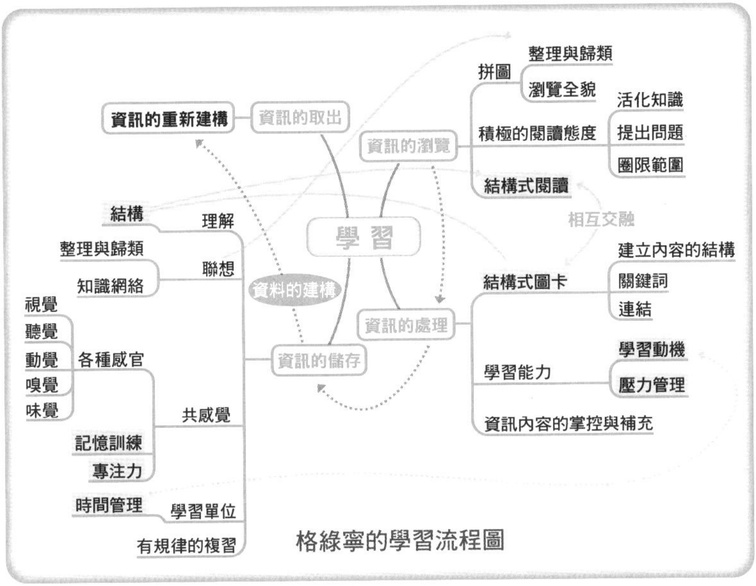

格綠寧的學習流程圖

今仍無法解決的問題，學習者只要使用心智圖，就可以迎刃而解。心智圖筆記法可以讓許多資訊化約成幾個關鍵詞，提綱挈領地呈現在一張頁面上，而且這張樹狀圖還具有結構性。為了了解重點之間的相關性，畫上箭頭的做法絕對是必要的。

以上是我針對本書的內容主題，也就是一個完整的學習流程所繪製的一張心智圖筆記。在這張心智圖中，我用箭頭來標示每個學習階段之間，彼此相互的關係。至於其他相關的要點，我還會陸續地在本書中做說明。如果你也能自己試著將這些重點用心智圖做結構性呈現，你會發現對於我所提出的學習方法有更進一步的了解。

③ 提升學習能力

當你剛開始學習心智圖法時，會碰到一些阻力，這是很正常的。因為心智圖法會毫無保留地顯現出學習者的學習能力。製作心智圖的三個步驟，也就是：掌握內容結構、找出關鍵詞，以及建立關鍵詞之間的連結，對於我們學習知識的過程具有決定性的意義。

立足點的確定

在製作心智圖時，可以清楚檢視你的學習能力。如果無法得心應手，就表示你在這個範圍的學習能力有問題。不過，這個看法大家多半不願意接受。大家多半會找藉口，推託說是心智圖不適合做筆記摘要。

現在請你找出一篇文章，並請你試著把其中的一個段落內容用心智圖做重點摘要。碰到困難其實很正常，請你不要將挫折歸咎於心智圖法，而是要追究自己在心智圖法所要求的三大步驟方面，是否具備足夠的能力，就連我自己也覺得，剛開始的練習並不容易。我們學習心智圖法時，遇到障礙是理所當然的，因為在求學的過程中，從小學到研究所，我們都不曾在學校學過關於學習方法的知識。

你應該善加利用心智圖法，把它當做一種改善自我學習能力的訓練。你可以藉由繪製心智圖，熟練「結構」「關鍵詞」「連結」三大步驟，並增進自己這三種重要的學習能力。初步階段愈覺得困難，就愈需要加強練習。大量的3-2-1練習會讓你明白，閱讀過程中，這些能力光是在腦袋裡就能持續強化。當然沒有必要為每一個段落做筆記，那會阻礙學習進度。應該要針對整體的重點，以及比較不容易理解的部分，做心智圖筆記，其他非重點部分只要在腦海中畫心智圖即可。

在這裡，我簡單探討一下學習動機與壓力管理，因為這兩個方面也和學習能力息息相關。

提升學習能力來獲得學習樂趣

你是否曾經做一件事，因為過於投入而忘了時間？相信你一定有這樣的經驗。特別是當我們在運動或從事那些能帶給我們樂趣的事物時。因為，這些活動都是我們在能力範圍內所能達成的。

⊙ 流暢感

匈牙利裔的美國心理學家奇克森米哈易（Mihaly Csikszentmihalyi）曾經著手研究，人處於得心應手的能力狀態時，會出現什麼特徵？他們是否有共通之處？經過若干年密集的研究，他終於對這個現象提出解釋，並將那個現象稱為一種「流」（Flow），因為當人處在這個能力狀態時，一切都成了流動狀態。

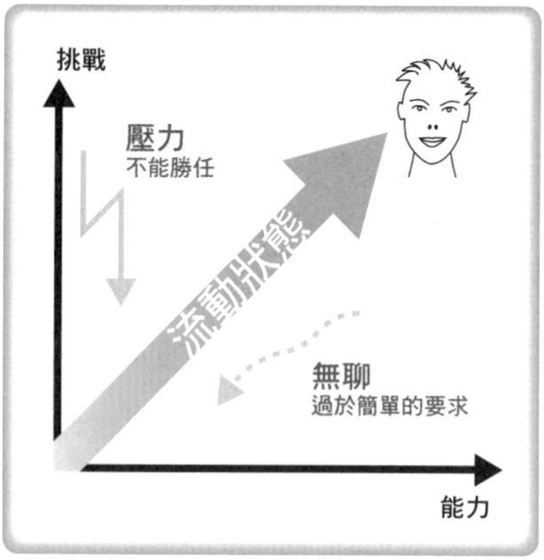

奇克森米哈易教授根據多年的研究成果指出，從事例行的工作或活動時，人會進入這種「流」的狀態。如果我們一直從事這類活動，就會覺得缺少挑戰性，開始感到無聊。當然，具體的挑戰也會有難易程度的差別，當挑戰超出個人能力範圍時，就不會出現這種流暢感，反而會覺得被過度要求而感受到壓力。

假設你是風帆衝浪的新手，現在正在設有安全防護的海灣內學習這項水上運動，當時的風力為三級，而這個風力強度剛好符合你在這方面的能力與程度。在這個環境條件下玩風帆衝浪，你獲得許多的樂趣，這時，你是處在一種流動的狀態。後來你鼓起勇氣，乘著衝浪板離開安全的海灣，迎向大海，海面的風力是六級，你開始覺得自己所面臨的挑戰難度過高，已經超乎能力範圍之外。你不斷被海浪甩入海裡，很快地，你已經沒有力氣再將風帆從水面拉起。當衝浪板一直被推離海岸時，你就必須認知到，這個挑戰已經遠超出你的能力範圍，海浪變得愈來愈高，很快地，你再也看不到陸地了。最後，你會感受到壓力、焦慮甚至出現恐慌。當附近出現一群鯊魚時，你一定會不知所措。除此之外，還可能出現另一種情況：你已經是一位職業級的衝浪高手，當海面吹著三級風時，你根本不想下水試試身手，而是選擇躺在沙灘上。因為，三級風力的海風對你完全不具任何挑戰性，你的能力遠不止於此，你會覺得，在這種條件下衝浪是一件很無聊的事。

在發現這些關聯性之後，奇克森米哈易教授了解到：人從事任何活動時，只要自身的能力能與挑戰相協調，就會出現這種流暢感。當流暢感出現時，你可以完全集中注意力在所從事的事情上，不會被其他的想法轉移你的注意力。按照這個原則，我們應該讓自己的學習能力符合挑戰的難度。如果我們使用傳統的學習方法，會因為學習材料的篇幅過多或是內容過於複雜，而覺得無法勝任，經常陷入壓力的情境。因此，你有必要學習高效率的學習方法，讓自己能適應各種學習上的挑戰。

既然你已經成功地掌握了一套學習系統，就不會再像以前一樣，老是忘記大部分讀過的材料內容。當學習不再等同於一連串的挫折時，你的學習動機就會增強，學習對你而言，也變得有意義，緣腦此時會產生一種愉悅感。

個人的學習動機稱為「內在動機」，來自外部的學習動機則是「外在動機」。人的學習如果是出自「外在動機」，就比較無法獲得學習成效。讓我們拿驢子做比方。如何讓一隻驢子肯起身前行？你可以把一條胡蘿蔔放在牠的鼻子前面，或是直接從牠的後面推牠前進。就學習而言，胡蘿蔔代表獎勵，而時間壓力或是害怕失敗的情緒，就相當於在驢子身後推牠向前的那股力道。想必你也很了解這個情形，就像在考試的前一天，你會全神貫注應付考試。雖然透過獎勵而產生的動力比較愉快，但在壓力下產生的動機卻更強，這是因為我們的大腦所發出的指令，總是會優先「避開痛苦」，而不是「獲得樂趣」，這是人類正常的生存機制。不過，處在壓力下的學習並不是很有效率，因為，我們的緣腦會在這時持續地發出負面的情緒，阻礙我們的學習。而且，當我們承受較大的壓力時，思考與吸收訊息的能力也會跟著降低。

因此真正的學習動機必須從學習本身而來。為了能愉快學習，你應該繼續改善你的學習能力，這麼一來，你就不會像下面這個樵夫一樣地抱怨了：

有幾個人在森林裡面散步，他們碰到一位樵夫，正賣力地把一棵被砍倒的大樹鋸成一塊塊的木塊。

他們問樵夫：「你在做什麼？」

「看不出來嗎，」樵夫很不耐煩地回答著，「我在把這棵樹鋸成木塊。」

「你看起來累壞了！你已經鋸了多久啦？」

「我已經做了好幾個小時，現在筋疲力盡了。」

「為什麼不停下來幾分鐘，把鋸子磨利呢？」

「我哪有時間磨鋸子，」樵夫匆匆喊道，「我得忙著鋸木頭啊！」

美國前總統林肯在他的名言中就說過這個道理：「如果我砍一棵樹可以有五個小時的時間，我會花三個小時把鋸子磨利一點」。

工欲善其事，必先利其器。我們總是讓自己一頭栽入日常應該完成的事務當中，卻不願意花時間讓自己在做事的方法上更為精進，收事半功倍之效。在學習這方面，「把鋸子磨利」就是學會新的學習技巧。如果你能學會高效率的學習方法，在學習上就比較不會覺得自己能力不足，也就比較不會陷於壓力情境了。

壓力

- ▶ 是緊張時的身體反應
- ▶ 起因於個體在面對超出能力要求的情況
- ▶ 會造成腎上腺素的分泌

⊙ 壓力情境

以下是「壓力」這個名詞的一般性定義：

我們先討論關於壓力的最後一個定義。到底什麼是腎上腺素？腎上腺素經常被稱為「壓力荷爾蒙」，這種內分泌會讓人體的心跳與血液循環加速，以增強肌肉的反應。此外，它還可以促進體內脂肪與醣類的分解，讓人體有較多的能量來應付危機狀況。由此可見，腎上腺素的分泌跟人類的生存機制有關。

現在讓我們想像一下，數萬年前居住於山洞裡的史前人類為了求生存，必須面對如下的情況：有一天，他們在叢林裡活動時，突然間跳出一隻劍齒虎。這個突發狀況會讓這些原始人類覺得一時無法應付，這時，他們的體內會自動地分泌腎上腺素。我們遠古時代的祖先，就是透過體內分泌腎上腺素所引發的生理反應，讓自己能有足夠的力氣與野獸搏鬥，或是緊急逃離危險，而成功地化解生存的危機。

原始時代的人類在遇到緊急狀況時，必須戰鬥或快速逃離，這些求生的行為都需要消耗大量的體能，所以，腎上腺素的分泌絕對是有幫助的。他們在面對野獸時，完全不需考慮與牠們攀談交涉的可能性；戰鬥或逃離，是存活下來的方法。至於現代人在生活中所遇到的挑戰與威脅，大多不是來自野生動物，而是學校的考試、職場裡的上司、同事等等。為了因應這些壓力，我們的體內也會分泌腎上腺素。如果我們沒有足夠的活動量可以消解腎上腺素，那麼這些內分泌就會嚴重阻礙我們的學習活動。因為，腎上腺素會阻撓腦細胞之間的突觸連結。突觸是腦神經元間信息流通的接點，神經元之間是通過突觸間的化學物質的傳遞和化學反應來接受和傳遞信息的。人體如果分泌過多的腎上腺素，腦部就會停止分泌這種傳遞信息的化學物質，腦細胞之間的交流就會受到一定程度的影響。

腎上腺素的分泌是原始的生存機制，有時也往往成為妨礙我們學習的絆腳石。我們可以這麼說，體內分泌愈多的腎上腺素，思考與吸收訊息的能力也就愈形下降。如果我們碰到一個高難度的學習單元而覺得力有未逮時，那麼，接下來我們會處在高度壓力的狀態，體內的腎上腺素值會愈來愈高，正常的學習與思考會被阻斷，理解力也就自然而然地降低了！如果我們這時繼續坐在書桌前掙扎，更賣力地去思索這些學習內容，其實只是在浪費時間與精神罷了！如果你碰到這種情形，最好先讓自己跳開這個惡性的學習循環。這時你不妨起身，離開書桌前的座位，出去外面走一圈。當你再坐回書桌前，你會發現，自己比較能夠擺脫先前的負面情緒，頭腦也變得比較靈光，比較有能力去面對學習的挑戰。

除此之外，我們還應該認識腎上腺素的另一個效應：人如果面對的壓力愈來愈大，體內的腎上腺素值就會向上攀升，這時，個人的主觀認知會與實際的客觀情況出現愈來愈大的落差。他會認為，讀書的時間愈來愈少，學習材料卻堆積如山，而且愈來愈多。其實，這種心理反應也是出自人類的生存機制。當人所面對的危險愈有威脅性時，就會愈想避開它。我們每個人都有過這樣的經驗：如果教科書裡面出現一段較難的內容，它的難度已經讓我們覺得超出自己的學習能力範圍時，我們就會很快地說服自己，這些內容太過困難，自己是不可能學會的。等到隔天，頭腦變得較為清楚時，我們才發現，其實所面臨的學習挑戰並不會很難，有時還會嘲笑自己，為什麼當時的想法竟然那麼蠢、那麼悲觀。

對抗腎上腺素分泌的策略

體內的腎上腺素值過高時，應該如何處理呢？一方面，我們可以試著採取防範措施，讓人體不要過度分泌腎上腺素；另一方面，還要設法盡快地消解體內分泌過剩的腎上腺素。

⊙ 預防

如果我們想預防腎上腺素過度分泌，就必須試著避開超乎能力範圍的要求與挑戰，並且還要提高自己的學習能力。你如果覺得在學習上時間很緊迫，實在應付不來，這時就應該學習正確的時間管理方法，來處理時間不足的問題（在下一個章節關於「資訊的儲存」當中，我將會對時間管理以及與學習動機相關的要點做進一步的說明）。如果你覺得學習的內容已經超乎你的能力之外，為了防止挫折感的產生，在此建議你，使用與結構式閱讀以及結構式圖卡有關的學習技巧。至於其他相關的學習技巧，我還會在討論下一個學習階段「資訊的儲存」時，把它們介紹給大家。

⊙ 減少腎上腺素的分泌

即使我們可以使用學習方法來提升自己的學習效率，還是無法完全避免壓力的出現。這時，我們可能需要採取行動，降低體內的腎上腺素值。

⊙ 運動

我們遠古的先祖經常在生活中碰到猛獸的攻擊，他們不是投身激烈的戰鬥，就是火速逃離現場，經過長途的奔逃，躲到安全的地方避難。這兩種情形都會讓身體處於劇烈的活動狀態，所以，他們的腎上腺素會在大量活動之後，隨即回復到正常值。現代人的生活壓力來源跟石器時代的人類很不一樣！如果我們覺得職場的壓力過大，逃跑或是向上司猛撲攻擊可以解決問題嗎？現代人減少體內腎上腺素的方法就是運動。不過，有一點你必須特別注意，你所從事的運動，不論是慢跑、游泳、騎腳踏車、打網球、健行或跳舞，必須能帶給你樂趣。此外，科學研究還證實，運動量足夠的人，腎上腺素的分泌量會比較少而且很穩定。有運動習慣的人可以預防腎上腺素分泌過剩，因此，身心狀態會比一般人還要平衡。對於我們原始的先祖而言，除了戰鬥與逃離之外，躲藏也是另一種求生存的方法。不過，這種方式不需要身體的活動量，對於降低體內的腎上腺素值毫無幫助。

⊙ 放鬆的技巧

不只是做運動，某些身心放鬆的技巧也可以降低體內的腎上腺素值，只不過，這些方法經常不被當一回事。愈是愚蠢無知的人，愈容易去嘲笑那些他根本不懂的事物。你在本書中將會逐步地學到，有哪些技巧你可以一笑置之，哪些技巧最好能虛心接受。

我們在考試時，有時會出現這樣的狀況：無法記得某一個重點，有時，甚至連最簡單的部分也想不起來，腦子裡突然一片空白。雖然我們後來還是可以回想過來，然而，時間點大多是在考試結束之後。因此，我在這裡建議你，要學會一種自我放鬆的方法來應付這種情況，它可以讓你迅速地在一、兩分鐘內回復思考能力，以後，只要在學習方面遇到阻礙，就可以使用這種方法來化解這方面的問題。特別是對於那些自認學習狀況很順利的人，他們會說服自己不需要學習這種放鬆的技巧，其實，人應該在學習狀態最好的時候學習如何自我放鬆，因為當身體開始出現壓力症狀時，要學會放鬆的技巧就比較困難。

許多知名的身心放鬆技巧，例如「自發訓練法」或「漸進性肌肉放鬆法」，都需要經過長時間練習，才能學會如何使用這些技巧做自我放鬆。要看到這些放鬆方法的實效，首先必須花上好幾個禮拜的時間，每天勤做練習。不過，在這裡我要特別推薦一種可以現學現用的放鬆技巧，這種技巧只要把注意力轉移到自己的呼吸上即可，而且根據我的經驗，它比其他的方法還要有效。藉由這個簡單的方法，我們就可以很快地徹底放鬆自己。

現在，讓我們來做做這個呼吸練習。

請先闔上你的雙眼，接下來，用鼻子吸氣，並同時在心裡面用自己覺得舒服的速度，慢慢地從一默數到四。當我們處在壓力情境時，呼吸會變得短促，這對於戰鬥或逃離是必要的，不過，大腦這時的氧氣供給會不足，思考能力會降低。請在吸氣過後稍做停頓，不過，不要強憋著氣，接下來，請你用嘴巴呼氣，然後再慢慢地從一數到四。請稍做停頓後，再重複這個呼吸練習。練習進行時，請你觀察自己的呼吸，並且要注意，自己是否用下腹部深呼吸。當你愈能徹底地放鬆，你在呼吸數數時就會愈緩慢。這個呼吸練習必須持續兩、三分鐘。

如果你願意的話，可以在做呼吸放鬆時，想像自己正置身於一處美麗的沙灘，把自己的呼吸想像成一波波湧向沙灘的海浪，如此一來，除了可以達到放鬆身心的效果之外，還可以強化自己的視覺學習管道。視覺學習管道對於資訊儲存的學習階段非常重要，這方面就留待下個章節再做討論。

你愈頻繁地使用這個呼吸練習，你的身心就更能達到深度的放鬆。剛開始練習時，你還會留意這個方法的步驟與細節。當你經過練習而熟練這個呼吸技巧時，它就會成為你的「無意識能力」。之後，你做這個呼吸練習時，就可以達到完全的放鬆狀態。你可以鎮靜沉著地參加考試，在緊急的情況下，你可以透過這個技巧讓你重新回復清晰的思路。此外，這個放鬆練習也可以讓你應付職場上所有的壓力情境。

根據相關的研究成果，經常做這種呼吸練習的人，體內的腎上腺素會穩定地維持在較低的數值。此外，這些人的腦波會比一般人更為頻繁地出現在Alpha波的頻帶。現在讓我們來看看，人類的腦波可以依其頻譜特性分成哪幾種型態？我們可以透過腦波儀所測得的電波圖得知腦內電波的變化。Beta波是振動最為快速的腦波，它代表清醒的知覺狀態，當人們在腦力集中、興奮警覺時，就會出現Beta波。只要我們懂得放鬆自己，我們的腦波就會轉為Alpha波，它代表人們清醒時的放鬆狀態。當我們入眠時，腦內電波會轉成Theta波；如果我們進入深度睡眠狀態或是無意識狀態時，我們的腦波就變成Delta波。

腦波圖

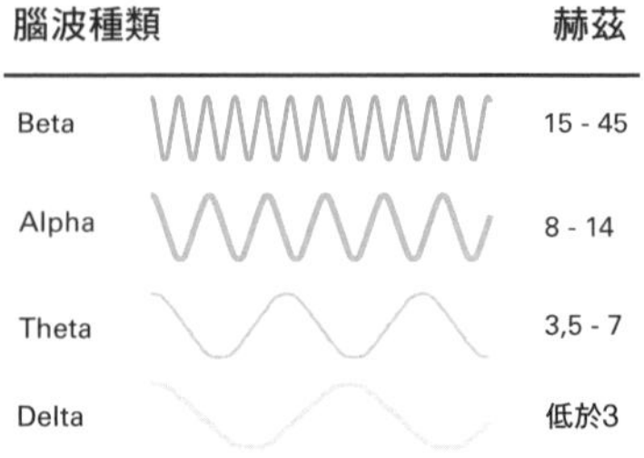

學習新事物最理想的狀態是讓學習者的腦波處於Alpha波頻帶。學齡前的孩童成天經常處於這個腦波頻帶，所以他們很容易吸收新的資訊。當他們開始接受學校教育後，令人精神緊繃的課堂學習會讓腦波轉成高頻的Beta波型態，因此，學習不再處於身心放鬆的Alpha波頻帶，學童開始把學習與不舒服的狀態聯想在一起。

科學研究證實，我們的腦波會隨著外在的刺激而出現頻率的變化。研究人員在實驗時發現，在播放某些樂曲時，受試者的腦波確實出現了相對應的改變。幾乎所有巴洛克時期的最緩板與慢板樂曲，都是採用一貫的速度與節奏，當人們在聆聽這些音樂時，腦波至少在某些時候會轉到Alpha波頻帶。或許你在家中所收藏的唱片當中，剛好有一首是下面圖中所列舉的音樂家的作品。請注意，當你在播放這些樂曲時，音量只要稍微聽得到即可。如果你在念書時偏好絕對的安靜，這些背景音樂就會對你的學習造成干擾。儘管這些樂音多多少少

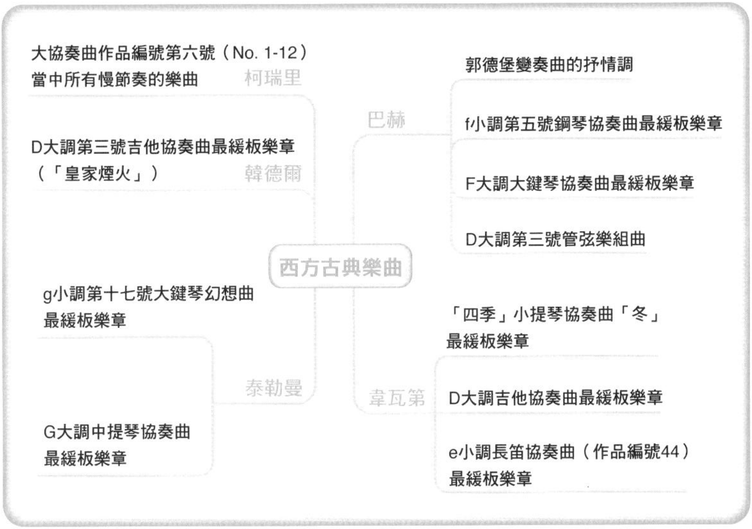

會讓你在念書時分心，不過，它們對於閱讀確實有正面的效應：有些參加格綠寧學院學習訓練課程的學員就曾向我表示，他們邊讀書、邊聽這些樂曲時，覺得精神上更為放鬆，你不妨也試試看。

⊙ 腦內啡

降低腎上腺素分泌最簡單的方法，就是讓人體製造可以產生欣快、放鬆效果的鴉片，也就是所謂的快樂荷爾蒙——腦內啡。醫學研究證明，當人們從事可以獲得樂趣的活動時，不管是一頓美食大餐、一場派對或是去欣賞一齣戲劇，體內就會分泌腦內啡。這種快樂荷爾蒙可以中和腎上腺素，所以，請你盡量讓自己保持愉悅的心情，這是最好的壓力管理方式。現在讓我們再回到心智圖法的探討上。

④ 心智圖法的規則

當我們對於人類的學習行為有了基本的認識後，現在可以著手學習心智圖法的規則。首先，請你把一張紙橫放，因為在做心智圖筆記時，需要更多橫向的空間。此外，把紙張橫放還有一個優點：可以讓右腦更多地參與學習，這與我們左右腦的本質有關，橫向格式的紙張會讓我們很自然地聯想到圖畫。當我們在作畫時，圖畫紙大多是橫放的。當你去參觀一場畫展時，所展出的畫作大都以橫式居多。如果有人把一張直向的紙張放在我們面前，那麼我們的雙眼首先會注意到紙張的左上角處如果在我們眼前的是一張橫式紙張，那麼我們會先注意到它的中央部分。只要做一個簡單的動作，把做筆記的紙頁轉向，我們就會發現，思考上的阻礙已經自然地消解。

如果你還有時間可以做筆記，你應該在做筆記時運用視覺成分，你可以先在筆記紙的中央畫上一個圖案，即使你一直認為自己根本不會畫圖。（其實，畫圖也是一種能力，每個人只要學得正確的技巧，都可以很快地學會。）剛開始時，並不需要畫得特別好，有時，甚至只要在中央部分寫上關鍵詞，將字塗上顏色，突顯它的存在就夠了。重點在於讓右腦參與學習。你事後將會發現，你對於有圖案、顏色的心智圖會有比較清楚的記憶，因為位於心像圖中心點的圖像是最具決定性的。如果你可以記得圖案，也就能自然而然地聯想起與主題相關的重點了！

每個關鍵詞下面都應該畫上與其長度相當的線條，你可以先寫上關鍵詞，然後，再畫上這些心智圖的枝幹。這些枝幹要彼此連結在一起，不可有中斷之處，如此一來，你的心智圖看起來就像一棵樹木的結構。這樣的訊息對於我們的大腦而言，是最容易處理的。

製作心智圖筆記時，應該盡可能讓每一條衍生出的枝幹上面只出現一個關鍵詞。如果有必要使用兩個詞時，或許你可以考慮，把這兩個詞分別列在兩條枝幹上。

剛開始時，緣腦會試著阻止這種不合習慣的做法。這是可想而知的，當你已經習慣用線性行文做筆記，突然要求你改變習慣，每個重點只能限縮成一個關鍵詞，這確實不是一件容易的事。人會因為害怕日後無法記憶學習過的內容而不自主地感到焦慮不安，因此忍不住在心智圖的每條枝幹上寫上好幾個詞。剛開始在製作這類樹狀圖時，必須讓自己的心情穩定下來，多練習幾次後，你就會發現，一個詞真的就夠了！如此一來，你就可以成功地說服緣腦不要再扯後腿了。所以往後在製作心智圖筆記只選用一個關鍵詞時，就不會再遇到來自內部的抵抗。

比較糟糕的是與此相反的情形。經過一番掙扎之後，有些人的確只在樹狀圖的主幹或支幹上寫下一個詞，但心裡卻告訴自己，這麼做是不夠的。這就是所謂的「自我應驗預言」，意思是說，當一個人事先預期一件事會如何發生，最後事情的進展果真如自己原先所預期的一般。

在事情未開始之前，你就已經先判定會出現失敗的結果了。對於學習所抱持的態度非常重要。無論相信自己會成功，或相信自己會失敗，這兩種想法都有道理。在經過一次挫敗之後，人就會說服自己早就料到會有這種結果，並且給緣腦一個抗拒新的學習方法的正當理由，也因此失去了一個習得有效學習技巧的機會。

為了讓右腦更投入學習活動，你應該盡可能使用更多顏色。光是在一個合適的地方畫上一個小圖案，就可以增強記憶力。之後你就會逐漸建立起一套屬於自己的圖案系統，把經常使用的字詞與慣用語都轉成視覺圖像。

你要試著讓自己習慣用正楷寫關鍵詞。端正的字跡會讓往後的反覆閱讀更輕鬆，右腦在做相關的處理時，也會比較容易。對於心智圖法的製作愈熟悉，愈能掌握其全貌時，你可能還會特別將主幹上的關鍵詞寫得大一點，以便與支幹上的關鍵詞做層次上的區分。

在本章開頭，我談過心智圖法的優點，現在讓我們以此為例，首先，你可以自己試著為本書製作一張心智圖，然後，再請你把這張自製的心智圖與附在下一頁的心智圖做比較。如果你畫出來的心智圖看起來很不一樣，這是應該的，因為心智圖畫法並沒有絕對的標準。

剛開始時，你或許在心智圖的主幹分布上有問題，有時也會出現頁面上某部分訊息分布過密、其他部分卻稀疏甚至留白。經過練習之後，你就愈懂得如何平均地利用頁面，你的心智圖會愈做愈好。

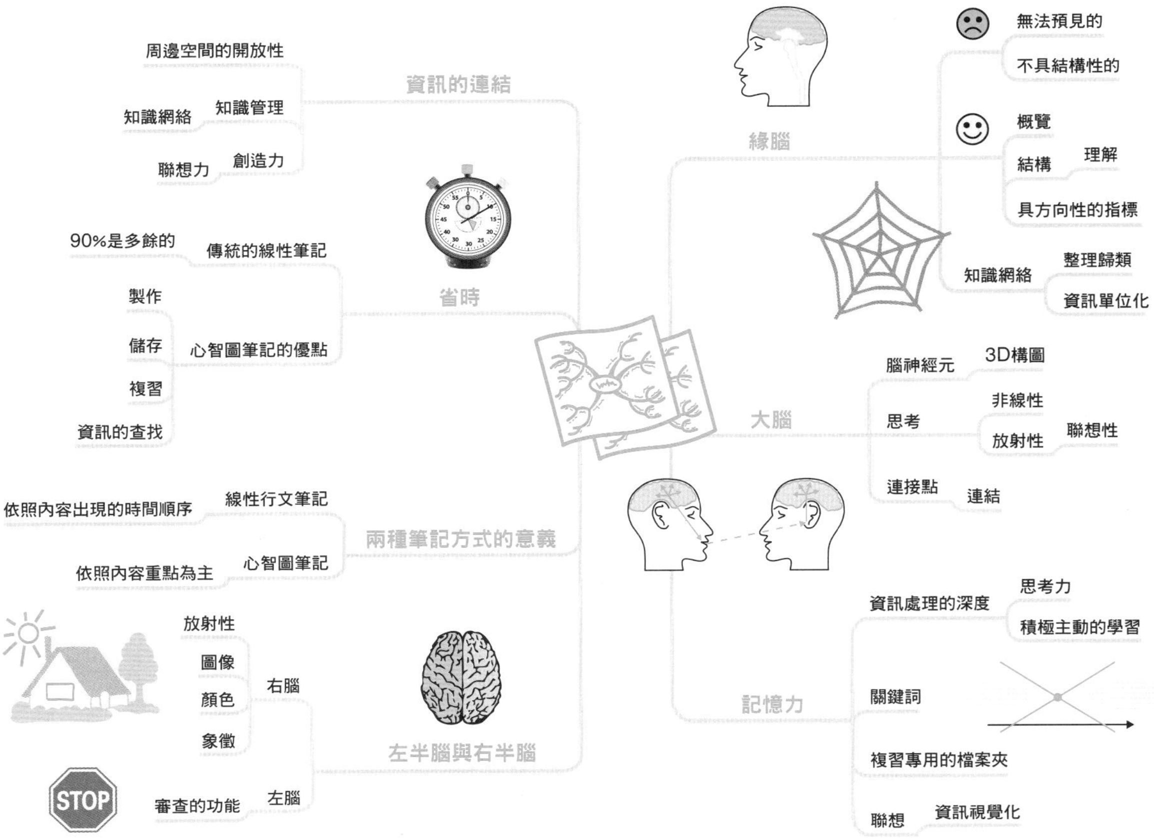
資訊的連結
周邊空間的開放性
知識管理
知識網絡
創造力
聯想力
省時
傳統的線性筆記
90%是多餘的
心智圖筆記的優點
製作
儲存
複習
資訊的查找
兩種筆記方式的意義
線性行文筆記
依照內容出現的時間順序
心智圖筆記
依照內容重點為主
左半腦與右半腦
右腦
放射性
圖像
顏色
象徵
左腦
審查的功能
STOP
緣腦
無法預見的
不具結構性的
概覽
結構
理解
具方向性的指標
知識網絡
整理歸類
資訊單位化
大腦
腦神經元
3D構圖
思考
非線性
放射性
聯想性
連接點
連結
記憶力
資訊處理的深度
思考力
積極主動的學習
關鍵詞
複習專用的檔案夾
聯想
資訊視覺化

⑤ 檢視與補充

在進入下一個階段「資訊的儲存」學習永久儲存關鍵詞之前，你應該確實地檢視一下，自己是不是真的完全了解所要學習的內容，選用的關鍵詞是不是能確實讓你回想起那些原來的學習內容。現在請你拿出你做好的心智圖，當你看到上面的構圖與關鍵詞時，能不能說出相關的內容？這個步驟可以讓你自我檢驗，自己是否已經確實了解相關的內容。

經過這個知識檢驗的過程之後，或許你會發現，有必要在某些心智圖上補入一個或好幾個關鍵詞。這當然沒問題。開放式結構是心智圖筆記的特點，它可以讓你隨時在上面做補充。當你透過心智圖法確實掌握學習內容後，你還可以看看，是不是已經可以為剛開始閱讀所萌生的問題找到答案。除此之外，你還可以重複回想心智圖的內容，藉此大大地增強自己對於內容的記憶力，成功地把學過的教材內容變成自己的知識。

準備考試的時候（特別是比較重要的考試），還可以考慮採取省時又有效率的團隊分工合作方式進行學習。你可以跟同學合組讀書小組，小組的每個成員都必須針對自己分配到的內容製作心智圖筆記，然後在讀書小組的時間，每個人必須根據自己在心智圖所寫下的關鍵詞，輪流做口頭報告。最後，大家都可以在最短的時間內準備好全部的內容範圍，而不是孤軍奮戰，獨自花很多時間整理全部的學習材料並製作一張又一張的心智圖筆記。就連在職場上，這種集體分工合作的學習方式也可以派得上用場。

你現在已經知道，如何在閱讀時找出內容的結構與代表重點的關鍵詞。在練習心智圖法一段時間後，你在閱讀時就不需再用到紙筆，而是直接用內在觀想的方式在腦海裡畫出心智圖。所以，你還需要特別訓練自己的視覺感官。關於這方面，我還會在下一個階段「資訊的儲存」繼續做討論，現在，我們還是言歸正傳，回到閱讀訓練的主題上。

⑥ 融合學習的第一與第二階段

經過第一個星期的訓練，你已經可以駕輕就熟地進行3-2-1練習。你剛開始在做3-2-1練習時所碰到的問題，這時也都迎刃而解了。有一句諺語說得很貼切：「所有的事情在變得容易之前，都是困難的。」

經過了正確的學習訓練，你現在已經可以用較快的速度和較好的理解力進行閱讀。接下來，你應該把資訊處理的方法與3-2-1速讀練習做整合。

利用結構式圖卡進行結構式閱讀

請你用三分鐘的時間讀完一段資料，隨後請根據自己對於內容的記憶畫出一張心智圖，而且花在繪圖的時間不應超過兩分鐘。用心智圖做筆記時，你必須簡要地整理出那一段內容的結構與重點，剛開始做練習時，你會覺得這個要求並不容易，或許你只能憑著記憶填入幾個關鍵詞。不過，經過練習之後，你在製作心智圖時會愈來愈順手。按照3-2-1練習的規定，第二輪的閱讀時間只能兩分鐘。當你要進行這一輪閱讀之前，你可以針對先前畫出的心智圖自行提出幾個問題：在讀完這一輪之後，可以在樹狀圖上再加上哪些枝幹？添入哪些關鍵詞？有哪些方面還需要再做補強？

經過多次反覆的練習之後，你會逐漸在閱讀時，習慣這個自行提問的步驟。以後當你在閱讀時，就不需要刻意提醒自己要執行這個步驟，因為它已經成為你的無意識能力。你的大腦會針對內容自動提出問題，因此你的閱讀態度是積極而主動的。同樣地，只要你肯多加練習，所有構成一個整體學習流程的所有步驟也都會變成你的無意識能力。這時，你不需要再去留意，自己目前正處於哪個學習階段或步驟。隨著練習的增加，各個學習階段會更為相融在一起，而你將不會注意到學習過程的進行。如此一來，你就可以集中所有的注意力在學習材料上。

第二輪的閱讀只有兩分鐘，雖然閱讀速度加快會降低理解力，但你在完成之後還是會有所發現，你可以再針對第一輪閱讀後想補充的部分提出問題。第三輪的閱讀時間縮短為一分鐘，雖然所要求的速度遠高於你的閱讀速度，你還是可以找出前兩輪閱讀時沒有發現的關鍵詞，再補入心智圖當中。閱讀時，你同時還可以用心智圖法來思考閱讀的內容，這個做法會讓心智圖的製作過程更輕鬆。經常自我訓練，你的大腦就會逐漸習慣一邊閱讀、一邊用內在觀想的方式在腦海裡畫出樹狀圖。在每一輪閱讀完成之後，你就可以順手畫出心智圖，做內容重點的摘記。

在第二輪與第三輪的閱讀當中，你的閱讀能力已經大大地跨出了既有的感覺舒適區，你的學習能力將會再次受益於所謂的「高速公路效應」而獲得提升。如果再多做幾次練習，你將會驚訝地發現，在閱讀時製作心智圖筆記一點也不困難。

在下一個階段，也就是第三階段「資訊的儲存」，你可以學到如何藉由心智圖法來增強個人的視覺學習管道。光是透過心智圖法這項練習，你就可以把一個整體學習流程裡面所有的階段跑過一遍，以及將第三個階段「資訊的儲存」與前面兩個階段融合在一起。

關於第一個階段「資料的瀏覽」還有一個要項，我到目前為止還未做說明。也就是如何以正確的方法來進行「瀏覽」。

掃瞄——•

或許你曾聽說過，有些人的閱讀速度每分鐘可以高達三千字，同時對於內容還能擁有高度的理解力。不過，這些閱讀高手只是少數的特例，因為，每一種才能要達到超高標的水準，除了要有特別的天分之外，還要付出許多努力，畢竟不是每一位會打網球的人都能在溫布頓網球公開賽奪得錦標。

在世界閱讀錦標賽的比賽會場，有些參賽者的閱讀速度每分鐘甚至可以超過三千字。每一位參賽者的手指都在資料頁上快速地移動，閱讀結束後，他們必須接受一項非常詳細的內容測驗，只有完全了解測試內容的參賽者，才有辦法作答。通常這些參賽者的問題答對率可以超出百分之九十。主辦單位也讓一般只具有每分鐘兩百字讀速的民眾參與測驗，他們不僅閱讀速度慢，對於內容的理解度也只有百分之三十到四十。總之，只要個人的閱讀能力轉強，理解力就能隨著閱讀速度的增進而獲得提升，這一點我在前面已經討論過。

世界速讀紀錄的保持人艾丹（Sean Adam）在極高度的理解力之下，閱讀速度還達到每分鐘三八五〇字。不過，很多人可能不知道，這位速讀奇才小時候患有嚴重的視力問題，他的視力經過一段很長的時間才獲得改善。有趣的是，視力問題似乎成為他日後（在視力改善後）想進一步提升閱讀速度的動機。

你可能會有一個疑問，人怎麼可能達到如此高速的閱讀速度？人眼的視野範圍就好比聚光燈所打出的光圈，在這個範圍內，我們可以把字看得很清楚。如果我們再細心一點，就會發現，其實我們不只可以運用水平方向的視野範圍，還可以利用垂直方向的視野場域。

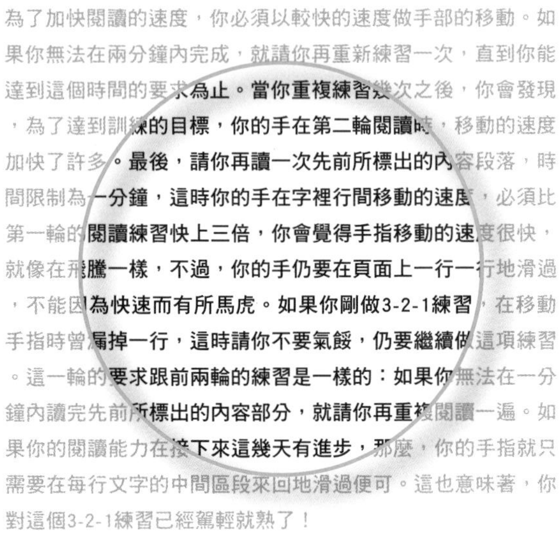
為了加快閱讀的速度，你必須以較快的速度做手部的移動。如
果你無法在兩分鐘內完成，就請你再重新練習一次，直到你能
達到這個時間的要求為止。當你重複練習幾次之後，你會發現
，為了達到訓練的目標，你的手在第二輪閱讀時，移動的速度
加快了許多。最後，請你再讀一次先前所標出的內容段落，時
間限制為一分鐘，這時你的手在字裡行間移動的速度，必須比
第一輪的閱讀練習快上三倍，你會覺得手指移動的速度很快，
就像在飛騰一樣，不過，你的手仍要在頁面上一行一行地滑過
，不能因為快速而有所馬虎。如果你剛做3-2-1練習，在移動
手指時曾漏掉一行，這時請你不要氣餒，仍要繼續做這項練習
。這一輪的要求跟前兩輪的練習是一樣的：如果你無法在一分
鐘內讀完先前所標出的內容部分，就請你再重複閱讀一遍。如
果你的閱讀能力在接下來這幾天有進步，那麼，你的手指就只
需要在每行文字的中間區段來回地滑過便可。這也意味著，你
對這個3-2-1練習已經駕輕就熟了！

速讀高手會盡可能減少雙眼視點在書頁上的躍動，他們在掃瞄頁面的內容時總是循著S曲線。再經過一些閱讀技巧的練習後，他們便可以一目數行。這些屬於特例的速讀高手必然具備令人不可思議的思考能力，將所掃瞄到的個別意義單位在大腦裡重新組合。這樣的閱讀能力對於一般讀者而言，是無法企及的。

此外，這些速讀高手在快速閱讀時也會使用手指做閱讀指引。由於他們的眼睛是循著S曲線由上往下掃瞄頁面，所以，導引閱讀的手指在頁面移動時，會先前進，然後再倒退。我們或許會認為，跟著手

指做逆向閱讀會出問題，然而，事實並非如此。因為，當你汲取的是意義單位而不是字詞，字詞順序就無所謂了。閱讀的時候，大腦本來就必須自行組合這些意義單位。至於這些意義單位是用何種方式在一個句子中組合起來的，這已經涉及作者書寫風格的層次，與實質的內容比較不相干。例如在德文書寫當中，許多擺在句尾的動詞是整個句子的意義關鍵所在，只要讀到這個動詞就可以知道整個句子要表達什麼了。就德文書寫而言，倒退式閱讀反而更有效率。

當這些閱讀高手在使用倒退閱讀時，閱讀速度大約可以增加兩倍左右。他們藉由這種一目數行的方法讓自己的閱讀速度倍增，正是他們速讀的訣竅所在。此外，他們在閱讀時，不只運用視覺最敏銳的視網膜中心凹區，還會使用中心凹區周邊影像模糊的邊緣區。我們在火車站可以從遠處認出自己的朋友，這是因為他有自己特有的外型，文字也跟人一樣，每個字詞的外部形樣看起來都不同，可以利用這種方法在書頁上快速地認字。我們的雙眼並未參與實際的學習活動，它們只負責傳輸訊息給大腦，所以我們的眼睛必須看清資料上的文字。至於資訊的處理與吸收方面，交給大腦就可以了。

提及這種特殊的速讀法，並不是要你運用它，除非你自認為自己在閱讀方面也擁有高人一等的能力。對於我們這些普通人而言，倒是可以用這種速讀方式很快瀏覽一本書，快速地掌握內容全貌。就像玩拼圖一樣，我們會先找出最容易辨識的拼塊，也就是帶有直邊的圖塊，去拼出全圖四個周邊的外框。為了快速獲得知識內容的梗概，我們應該也把這些高手的速讀方法納入我們的學習訓練當中。

在這裡，你也可以使用3-2-1練習。首先，請你花三分鐘時間，用手指引導雙眼循著S曲線瀏覽幾頁的內容，不管是順著讀或是倒著讀，都必須一次看三行，並請標出你在這三分鐘所讀過的內容。接下來，請你在兩分鐘內針對內容進行第二輪閱讀。為了達成在兩分鐘內讀完的目標，你這次閱讀所掃瞄的行數必須超過三行。最後，你必須在一分鐘內完成第三輪閱讀，這時你的視點的視野範圍必須再擴大，既然你的閱讀時間是第一輪的三分之一，這就表示，你這次閱讀的掃瞄行數必須是第一輪的三倍。

在這個3-2-1練習當中，最重要的是，你必須在完成每一輪閱讀後，試著完成或補充相關內容的心智圖筆記。當你在「瀏覽」時，你並無法知道內容的細節，不過，你卻可以發現一些重要的關鍵詞。其實，3-2-1練習的目的就是要訓練學習者總覽內容以及尋找重點關鍵詞的能力，因此，你必須將心智圖法融入閱讀訓練當中。如此一來，你就可以改善掃瞄資料的能力，緣腦可以藉此獲得方向感，

你的右腦也會因為這些圖像化筆記而參與更多的學習。你的眼球視點也不會只停留在各個字詞上，而是逐步適應快速閱讀的方式。總之，請在你的學習訓練計畫中，採用3-2-1練習。截至目前為止，我已經介紹了兩種3-2-1練習，你不妨交替地練習看看。

這個閱讀技巧還可以幫助你找出一本書的內容重點。當你剛開始讀一本書時，你會用較大幅的視點躍動方式來翻閱它，這時雖然無

法得知書本當中的細節，不過，經過閱讀練習後，你就可以掌握每個章節大致的內容。當你發現某些段落的內容很有趣時，你會開始把視點躍動的幅度縮小。如果你在書中發現了關鍵性的重點，你就會自行調整成逐行的閱讀方式。一旦你又讀到比較不重要的段落時，你就會停止這種逐行的閱讀方法，視點的躍動會變得比較疏落，如果又碰到內容的重點時，視點躍動就會變得比較密集，這就是有效率的閱讀方法。

訓練計畫

接下來，讓我們來討論全盤的閱讀訓練。在此建議你，每天應該保留至少二十分鐘的時間做這項閱讀訓練。第一天做自我訓練時，你要讓自己習慣使用閱讀輔助。第二天則是設定視點的距離，也就是說，每一行從第二個字開始，並止於倒數第二個字。

經過這些初步的訓練後，你就可以開始進行3-2-1練習了。接下來連續五天的時間你要一直做這項閱讀訓練，直到你已經很熟練，不再出狀況為止。最好能不間斷地多次重複3-2-1練習，這種閱讀練習你做得愈多，就愈能增進你的理解力與閱讀速度。

以上是第一個星期的訓練進度。當你進入第二個星期的學習訓練時，還是要繼續做3-2-1練習，訓練自己快速地讀過一行又一行的內容，並且穿插S曲線的瀏覽練習。在下一個階段「資訊的儲存」你將會知道，如何在做3-2-1練習時，有效地運用視覺學習管道。

在這期間，如果你覺得無聊，不妨拿起一份報紙，並選定其中一頁，在上面畫上幾條直線，以切割畫面做視點跳躍的練習。每次當你做完一個單位的練習，就必須記錄當次的閱讀速度。你可以用這種方法來追蹤自己在讀速方面進步的情形，這些速度的記錄會讓你想起我在第一章所介紹的階梯式的學習能力曲線（注：請參照本書第033頁）。除此之外，你還應該在第二個星期的學習訓練時，使用心智圖法進行結構式閱讀。

根據我的經驗，在經過第二個星期的訓練之後，你的理解力已經獲得明顯提升，而且閱讀速度至少增快了兩倍。如果你對於這樣的閱讀能力還不滿意，你還可以反覆使用這些方法，繼續訓練自己的閱讀能力。

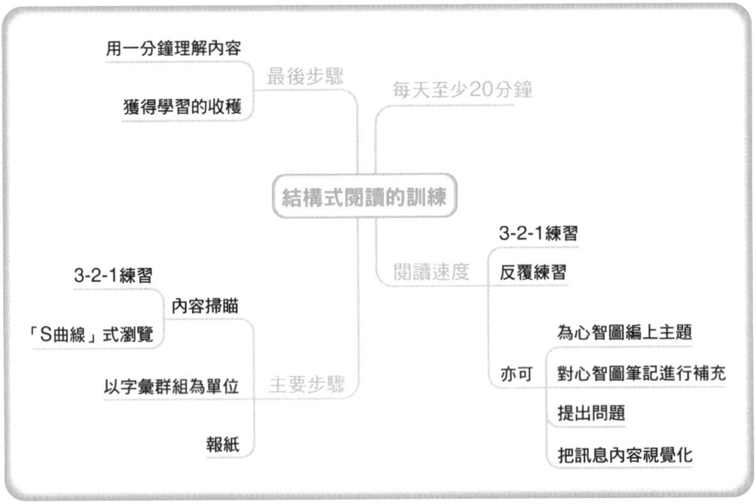

我已經說過，學習效率並非取決於閱讀速度。你應該拿省下來的時間培養自己更積極學習。請盡可能把我這套方法的各種技巧運用到讀書學習中。

3 學習流程的第三階段：資訊的儲存

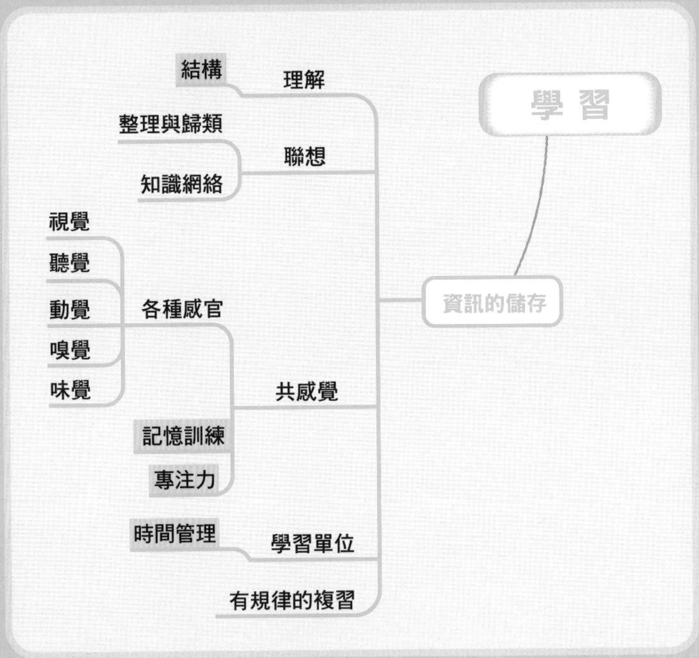

資訊的儲存——增強記憶力

當你用符合大腦運作的模式處理學習資料後，接下來就必須儲存這些資料。這個階段也會談到學習時的專注力和有效分配時間。重要的是：如何讓自己的知識持續保持在很好的狀態，不會隨著時間而流失。

① 理解

理解力是這個階段的基礎。如果對於內容有任何不解之處，你就無法正確儲存這些訊息。為了讓自己能更加了解學習內容，你必須先找出學習材料的結構，這也是為什麼我要在前兩個階段，詳盡地介紹如何進行結構式閱讀與製作結構式圖卡的原因。如果能確實做到這些學習步驟，你就能掌握最佳的理解力。「理解就等於已經學到一半」，在本章節裡，我們則需要再完成另外的那一半。

② 聯想

新訊息的儲存有兩個重要的基本原則。關於第一個基本原則，我已經在第一階段「資料的瀏覽」當中做了介紹。簡單地說，如果你想要記住新的學習資訊，就必須把它們與大腦中既有的知識網絡做連結，不然，這些新進的訊息就無法被留在大腦的記憶庫裡，花在學習的時間與精神也就完全白費了。

現在請你回想我在前面提過的「知識網絡」。在閱讀及處理新的學習材料時，你應該根據內容的重點訊息，在既有的知識網絡中再添入幾條結構性的主線。當你完成這個步驟時，你就已經把這些新進的資訊融入自己的知識網當中，並且成功地與過往所累積的知識接連在一起。接下來，我要介紹關於儲存新訊息的第二個重要的基本原則。

③ 所謂的「共感覺」

當我們拿到一本書時，我們經常會這麼問自己：「該如何把裡面的內容放入腦袋裡」？答案是，一共有五種方法，也就是我們人類的五種感官。此外別無其他途徑。像「睡覺時把書本放在枕頭下」這種口耳相傳、毫無科學根據的說法，除了會造成頸部痠痛之外，對於學習完全沒有任何的助益。

有時，我們還會談到第六感，也就是預感與直覺。動物在這方面的能力似乎比人類還要強得多，這種本能讓他們可以在自然災害發生前及早逃離、應變。二〇〇四年年底發生的南亞大海嘯就是一個實際的例子。早在海嘯來臨之前，受災地區就已經有許多動物往內陸遷徙，而及時躲過了那場浩劫。不過，許多關於第六感的討論都沒有科學的根據，純屬推測，所以我在此就不再多做討論。我個人認為，所謂的「第六感」應該是一種綜合所有感官知覺所產生的心理現象。

我們只能經由我們的感官吸收外在訊息，所以，我們也可以把人類的五官當做五種學習途徑。首先要提到的是視覺管道，我們可以經由眼睛吸取或是製造圖像訊息。聽覺管道就是我們的耳部，它讓我們可以知道一場演講的內容，或是讓自己可以針對學習材料做口頭報告，甚至是為某些影像資料進行配音工作。有了動覺管道（注：動覺是個人對於自己身體各部位的運動和位置狀態的感覺，動覺感受器分布於人體的肌肉、肌腱、韌帶和關節當中。嚴格說來，動覺與皮膚的觸覺並不相同，不過作者在這裡所使用的「動覺」是涵蓋觸覺的），我們可以察覺身體的感覺、移動與觸摸，我們在建構與組合模型，或是親身做某些嘗試時，就需要用到動覺的感官。除了視覺、聽覺與動覺這三種感官之外，別忘了，味覺與嗅覺也可以成為我們的學習管道。

「如果你想要有所學習，就應該盡量運用人類所有的感覺器官」，這就是儲存學習訊息的第二個重要的基本原則，也是所謂「共感覺」（Synesthesia）的原理。什麼是共感覺呢？它是一種多類型的感覺混合現象，一種型態的感覺刺激會引發另一種或多種型態的聯合感覺，例如，有些人在聽到某種聲音時會產生看見某種顏色的感覺。

當我們要更進一步檢驗這個人腦儲存訊息的基本原則之前，我想要先舉一個例子，並用這個例子做為這方面討論的起點。

投入所有的感官

假設有個學生已經知道太陽系所有星球的英文名稱，而你現在想要讓這個學生記住太陽系的恆星與九大行星的排列順序。

在學校裡，老師可能會要學生背這些星球的排列順序。如果用左腦硬將這些星球名稱按照順序背下來，會很辛苦，而且毫無樂趣可言。一旦有了不愉快的學習經驗，這個孩子就會覺得學習是一件困難而令人感到不舒服的苦差事。如果你這時不要直接陳述相關的星球資訊，而改成說故事的方式，並請他在聽故事時能夠盡可能地投入所

① . Sun 太陽
② . Mercury 水星
③ . Venus 金星
④ . Earth 地球
⑤ . Mars 火星
⑥ . Jupiter 木星
⑦ . Saturn 土星
⑧ . Uranus 天王星
⑨ . Neptune 海王星
⑩ . Pluto 冥王星

有的感官知覺，我相信，他在這方面的學習會很快地獲得突破性成果。首先，請你將自己編出的故事說一遍，然後，再請你試著把它轉成影像，在腦海中播放一遍。除了視覺之外，請你再想辦法運用另一種感官。你可以注意看看，是否可以從這些文字資料中聽到、觸摸到、嗅到或嚐到什麼？現在，就讓我們正式開始吧！

請你發揮想像力，想像自己置身在一個美麗的花園裡，正很舒服地躺在一張躺椅上，在大太陽下做日光浴。這時，你還聽到音樂輕聲地播放著，是皇后合唱團主唱佛瑞迪．莫裘瑞（Freddy Mercury，注：Mercury的英文字義是水星）的一首歌曲（或許在你最喜歡的曲子當中，有一首是皇后合唱團的歌曲）。當你正陶然忘我地聆賞這首樂曲時，突然間，花園的大門打開了！這時，迷人的維納斯（注：金星的英文也是Venus）女神走了進來。請你為這個女神設計一個特別的造型。她的衣著看起來如何？或許身上還一絲不掛呢！現在維納斯女神正朝你走來，並向你灑上一把泥土（注：Earth的另一個字義是地球）。這時，你很生氣地從躺椅上跳起來，準備拿起身旁的火星牌巧克力棒（注：Mars牌的巧克力棒在德國很暢銷）攻擊這位冒失無禮的不速之客。突然間天搖地晃了起來，隨後出現一位身材高碩的神祇，祂就是眾神之王朱庇特（注：即宙斯，Jupiter的另一個字義是木星）。你心懷敬畏地舉頭仰望著這位身長足足有二十公尺的巨神，他為了保護維納斯女神，便擋身站在你的面前，這位巨神的身上穿著一件發亮的粉藍色T恤，T恤上面印著三個金色的字母 S U N（它們分別是Saturn土星、Uranus天王星與Neptune海王星的字首）。在祂的腳邊有一隻迪士尼卡通的狗明星布魯托（注：Pluto的字義是冥王星）在吠叫著，正要跑來幫你的忙。

如果你認為，要編出這樣的故事並在腦海中冥想故事的情節實在有困難，請你不要就此輕言放棄，一定要再試試看。總之，你應該盡可能投入所有的感官，來加深自己對於故事的印象。

為了讓自己以後還能記住這九大行星的排列順序，你必須運用視覺的學習管道，想像出關於故事情節的具體畫面：你在大太陽下，躺在自家庭園裡的躺椅上，然後你聽到了佛瑞迪．莫裘瑞（Mercury是水星）的一首歌，接著是維納斯女神（金星）走進了你的花園，等等。只要你可以回想起這個故事的情節，你就可以記住太陽系九大行星的排列了！

你也可以按照自己的喜好，隨興地為個別的行星加入其他合適的圖像：舉例而言，你或許知道美國有一個汽車品牌也叫「水星」（Mercury），或許你可以把上面的故事修改成「有一輛水星牌大轎車闖入你的庭院，然後有一位維納斯女神（金星）下了車」。或者，你想起德國有一份報紙叫做《慕尼黑水星日報》，於是也可以把上面的故事情節改成「你躺在自家庭園的躺椅上看這份水星日報，然後維納斯（金星）女神朝你灑了一把泥土（地球）」。

如果你還想對九大行星有更進一步的了解，並記住這些相關的天文知識，你還可以把各個行星加上圖像。例如，你可以在故事中把冥王星變得很小，然後再告訴這個聽故事的孩子，冥王星是太陽系九大行星中體積最小的行星。請你在故事中把火星說成紅色，因為，從天文攝影照片看來，火星就是一顆紅色的星球。你還可以用這種方式逐步地為太陽系的每一個行星加上許多相關的細部訊息。你也可以用這種講故事、玩遊戲的方式，輕鬆地教給孩童們許許多多有用的、然而用傳統的學習方法卻很容易忘記的知識。而且，比學習知識更重要的是，採用這種學習方式會讓學習本身頓時變得很有趣。

負責特定功能的大腦區塊

在某些探討學習理論的書籍中，我們可以讀到下面所列出的這些百分比：人們通常對於讀過的文字內容，大約只記得百分之十；如果是用聽的方式，就可以記得百分之二十；如果學習內容是用圖表方式呈現的話，大約可以記得百分之三十；如果你同時使用聽覺與視覺這兩種感官，那麼學習效率就可以提升至百分之五十；如果你還能將學到的知識向別人解釋或說明，你的大腦就可以留住百分之七十的內容；倘若你還可以具體地運用這些傳入大腦的資訊，那麼，它們有高達百分之九十的比例可以被大腦的長期記憶庫留住，不會再流失。

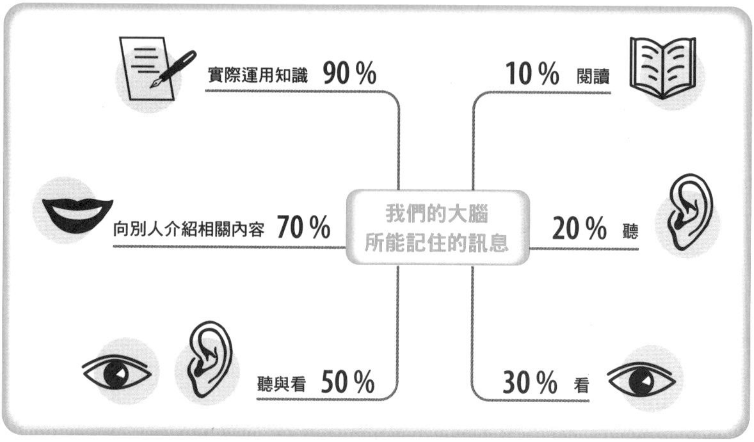

在這裡，探究更精確的百分比數值是沒有意義的，不過，在這些數字後面所運作的學習原則確實是千真萬確：當你在研讀學習材料時，如果能投入愈多種的感官知覺，你就能記得愈多的學習內容。因為，人類的大腦會把視覺、聽覺、動覺、嗅覺與味覺這五種感官訊息分別儲放在不同的腦部區塊。如果一份學習資料能動用多種感覺器官去察覺它，那麼這些學習訊息就能夠同時被儲存在不同的腦部區塊當中，當你需要訊息時，就可以比較容易地把它們取出使用。

我們可以透過轉動眼球的方式來活化腦部不同的區塊。這個方法是來自一九七〇年代一項大規模研究調查的成果：例如，當受試者被問到，家裡的沙發是什麼樣子時，幾乎所有受訪者在回答問題前，眼球都會朝左上方看一眼。研究人員後來便得出以下的結論：當人們把眼球往左上方轉動時，對於大腦提取圖像與視覺性資料最為有利，不過，人們通常不會察覺到自己有這種快速的眼球轉動。

訪談時，如果研究人員要求受試者針對某物件做視覺想像時，比方說，一張帶有粉紅圓點的薄荷綠沙發看起來是什麼樣子時，幾乎所有受試者的眼球都朝右上方移動。這是因為，當眼球往右上方轉動時，相關的大腦區塊會把既存的圖像做創意的變化。如果受試者在回應這項問題時，眼球是朝著左上方轉動，那就表示，他家裡的沙發就是薄荷綠色而且帶有粉紅圓點，剛好跟問題中所提示的沙發一模一樣，完全不需動用想像力。

如果你被要求回想一位友人的聲音，這時，你的眼球就會往左邊轉動，高度與耳部相當。因為，當眼球往這個方向轉動時，大腦就可以輕易地取出既存的聲音訊息。如果有人要求你把這位朋友的聲音假想成米老鼠的聲音，那麼，你的眼球這時就會朝右方轉動。因為，當人們的眼球往這個方位轉動時，大腦就可以輕鬆地拿既有的聽覺記憶進行聽覺的想像。此外，研究結果還指出，如果人們在講電話或是與自己進行一場內在的對話時，眼球就會自動地轉向左下方。

如果受試者被問到某些特定的感覺時，他的眼球就會轉向右下方，因為，眼球在這個位置時，大腦最容易使用動覺的感官。當我們在學習時陷入負面的情緒或是在思考問題時，通常會把頭低下來，然後我們會覺得情況好轉許多。如果我們願意把雙眼朝上方瞄一下，並同時在內心裡做正面的觀想，這時，我們就可以跳脫這種情緒的惡性循環了！

調整眼球轉動的方向，對於提取儲存在大腦的資訊是很有用的。比方說，你如果想用冥想的方式讓一張已完成的心像圖再度在腦海中浮現出來，那麼，雙眼這時往左上角轉動會比朝下看更有幫助。

我們還可以透過這項研究發現，來改善某些人在書寫方面的障礙。有些無法正確書寫的人在寫字時，會試著用手去感覺一個字詞的正確書寫方式，這時他們的眼球會不自覺地朝右下方轉動。然而，正確的書寫能力不是只透過動覺的學習管道就可以達成的，只透過身體的感覺，寫錯的風險太高。那麼，如果書寫是透過聽覺的管道，在拼音文字上是否能有顯著的成效呢？就我所知，那些參加德文聽寫測驗的學童會不自主地使用聽覺管道（在不自覺的情況下），這些孩子在書寫時，總是把雙眼朝左方轉動。不過，他們在這方面並沒有出色的表現，而成效不佳的原因在於一個字詞的拼寫方式不一定與發音方式有絕對的關聯。一般而言，在聽寫方面表現出色的孩子，都是使用視覺學習管道而不是聽覺。因為，學習書寫最有成效的方法是記住一個字詞拼寫出的外形。患有書寫障礙的人只要記得把眼球朝左上方轉動，光是這個不起眼的眼球動作，就可以提升他們對於字詞外形的記憶，大大地提高了他們在文字書寫的正確度。

眼球的轉動方向與大腦提取不同性質的資料息息相關，這個現象不只在學習心理學界引起廣泛的討論，也很受到商品行銷專家的關注，因為，他們可以運用這項研究成果來發展新的推銷技巧。假設你現在想要選購一輛新車而來到某家汽車公司的展示中心。你碰到的銷售員在向你推銷時，可以把一部車子描繪得很精采，不過，如果你這時的思緒正好停留在聽覺、視覺或動覺其中一個管道時，這些花言巧語只會左耳進、右耳出，還是無法吸引你。如同我在上一個章節所提到的，你的雙眼會不自主地跟著推銷員的手勢轉動，如果他的手部這時能往上方移動，那麼你的眼球也會朝上方轉動，你的視覺管道就會被活化起來，這時，你對於那部汽車的圖照就會更為敏銳。接下來，他會向你描述這一部車有多麼酷，並且在你雙耳的高度（啟動聽覺的管道）用手勢加強言詞的表達，然後，他再把手往左下方移動（你這時與他面對面，雙眼就會朝右下方轉動，動覺的敏銳度也會跟著增強），這時他再補上一句，要是能夠坐進這樣一部敞篷車，讓風穿過髮際，皮膚直接感受到日曬的溫暖，會是多麼棒的感覺啊！這些加了手勢的推銷言詞確實會加深你對於這部新車的印象。

不過，知道這些還不夠，你還必須有能力去因應這些推銷術。通常我們在購買商品時，都會不自覺地遵循一套既定的決策過程。比方說，你可能會在消費時做出如下的反應：首先，那個你準備要淘汰的物品會浮現在你的眼前，接著會出現一種感覺與一段內在的對話，然後才會浮現你打算購買的新物品的圖像，最後，你會依當下的感覺決定是否出手購買。每個人在決定購買商品的過程都不一樣，這個過程混合了數種感官知覺，它的進行有一定的先後順序。藉由提出與以前的消費行為有關的問題，藉由觀察眼球轉動的方向，我們就可以發現，自己在購買商品時的決策過程，以及伴隨發生的感官印象。

消費者如何在購買商品時做出正確的決定？關於這方面，坊間現在已經有相關書籍出版，並且也有私人的訓練機構提供這方面的進修課程，讓有興趣的人可以逐步地學會如何做正確的消費。如果你能率先掌握業者行銷的方法，你就比較能夠做出自主性的判斷，不會受到他們的推銷術所操弄了！

你最喜愛的學習管道

每個人都有自己偏好的學習管道。我們可以依照人們在吸收新知識時特別依賴的學習管道，而將他們劃分為視覺、聽覺與動覺的學習類型。在有意識性的學習方面，人類幾乎很少用到嗅覺與味覺。

我們只要仔細地注意每個人的說話習慣，就可以知道他是屬於哪一種學習類型，這是由於人們不只在吸收訊息時會使用自己偏重的學習管道，就連向外傳發訊息時，也是如此。舉例而言，視覺類型的人經常會這麼說：「看起來真不錯」「我現在明白了」或者「看得出來」。然而，偏向聽覺訊息的人卻會這麼反應：「這聽起來還不錯」「這聽起來很有道理」。屬於動覺類型的人則會這麼表示：「這感覺不賴」「我覺得很不錯」「有一種很棒的感覺」。特別在描述過去的情形與經歷時，人會使用自己所偏好的感官經驗做表達。雖然我們在與人溝通時，大多會使用所有類型的感官經驗，然而我們總是會特別偏重其中的一種。當你下次在看電視脫口秀時，請你特別觀察在場來賓的眼球轉動方向，相信你隨後就可以確定，他們主要是透過哪一種感官途徑在進行彼此的溝通。

如果你是偏重視覺的學習類型，你會喜歡閱讀。為了掌握學習的實質內容，你會特別留意書本或資料裡的圖像、表格與插圖等視覺性資料。你特別喜歡美觀、整潔以及安靜的學習環境，並且喜歡處理書面資料。由於你是一位視覺型的學習者，你會喜歡在聽課或自修時，隨手做筆記，你還喜歡透過雙眼以及實例的演示來吸收學習訊息，並使用書籍、圖片、草圖、學習用途的海報、錄影帶或DVD以及學習卡片做為學習的輔助工具。對於自己親自讀過的資料或是看過的事物，你會記得最清楚，不過，你很容易被視覺的混亂現象影響而分心。

如果你是屬於聽覺的學習類型，那麼有聲教材可以讓你達到最高的學習成效。用口語的方式討論學習內容對你而言就很重要了。你如果想要提升記憶力，最有效的方式就是把內容的關鍵詞大聲地說出。你只要肯開口，就可以記住讀過的內容。當你在參加筆試時，如果考題的內容順序與教材編排的順序不一樣時，你會感到一陣慌亂，不知所措（這時，你只要借助結構式圖卡，就可以順利地避開這個學習的罩門）。當你在念書時，如果周遭出現聲響，你會覺得受到干擾。對你而言，使用學習錄音帶或CD、參加讀書小組、口頭報告或是與人對談或討論，都是輔助學習的最佳方式。

如果你是一位動覺型的學習者，那麼親自參與行動的過程以及用這種方式來理解學習內容是很重要的。你會希望直接參與學習過程並增加自我的體驗，換句話說，就是「邊做邊學」。因為，你偏重動覺的學習管道，當身體處於動態時，你會達到最高的學習效率。長時間安分地坐在書桌前念書，對你而言是一件困難的事。在此建議你，可以使用肢體的動作與模仿以及角色遊戲，做為輔助學習的方法。

如果你還不清楚自己屬於哪一種學習類型，那麼，下面這份問卷可以幫你做確認。請你用直覺勾選出與自己的情況和想法相符的答案。

■ 學習類型測驗

①. 你在學校最喜歡下面哪一個科目？

A 美術

B 音樂

C 體育

②. 當你回想最近一次的度假時，你會先想到什麼？

A 周遭的景象

B 人聲及其他的聲響

C 自己當時的感覺

③. 當你與人接觸時，你會特別注意他的哪個部分？

A 外表與衣著

B 聲音與言詞

C 動作

④. 你會如何組裝一個新的衣櫥？

A 把注意力放在廠商所附的衣櫥簡圖上

B 把注意力放在廠商所附的產品說明書上

C 直接把各個板塊拿出拼組，直到組裝成功為止

⑤. 對你而言，什麼是最好的學習方式？

A 閱讀書籍與圖表

B 口頭報告與參加讀書小組

C 親身體驗與角色扮演

⑥. 你最喜歡在休閒時從事什麼活動？

A 看電視／看電影／觀賞戲劇演出

B 聽音樂／音樂會

C 運動／製作手工藝品

⑦. 你認為理想的工作場所應該具備下列哪一個條件？

A 整潔

B 安靜

C 活動空間充足

⑧. 你會如何拼寫出一個艱澀的英文單字？

A 想像整個字寫出來的樣子

B 用拼音的方式拼出來

C 直接用感覺寫下

⑨. 當你來到一個陌生的城市，你會如何讓自己有方向感？

A 靠地圖找路

B 聽別人的描述

C 信任自己的感覺

⑩. 你會選擇下列哪一種表達方式？

A 看起來很棒

B 聽起來很棒

C 感覺很棒

⑪. 你會如何向好友描述一本小說中的英雄人物？

A 他的外表

B 他的言談

C 他的事蹟

⑫. 關於你所喜歡的演員，你最欣賞她／他的哪一方面？

A 她／他的臉部表情

B 她／他的聲音

C 她／他的姿態動作

⑬. 你最喜歡下列哪一個解謎遊戲？

A 填字遊戲

B 腦筋急轉彎

C 拼圖

⑭. 你最喜歡到下列哪一個場所？

A 可以觀察人群的場所

B 可以聽到別人彼此交談的場所

C 可以讓自己活動的場所

⑮. 你認為一家餐廳最重要的是什麼？

A 裝潢擺設

B 背景音樂

C 氣氛

當你做完以上的測驗之後，就可以根據答題的結果，進行自我的檢視：如果你的答案大多數是A，這就表示你是一位偏重視覺經驗的人；如果你的回答集中在B，那麼你應該被歸類為聽覺的學習類型；如果你的答案大都是C，這就意味著你是一位動覺型的學習者。

你現在是不是認為，最具成效的學習方法是專注於個人所擅長運用的學習管道？視覺類型的學習者喜歡吸取書籍和圖表上的資訊；聽覺類型的學習者可以透過聆聽演講或是與別人組成讀書小組，讓小組成員輪流報告並一起討論學習內容來加強知識的吸收；動覺類型的學習者應該讓肢體動作成為主要的學習方法，而且，為了提升學習效率，應該盡可能地親身嘗試、親自動手做。其實，我們不只要加強使用自己所偏好的感官，如我在前面所討論過的，我們應該盡可能地投入所有的感官，特別是平常你比較不重視的感覺經驗，這才是學習致勝的關鍵，如此一來，你就可以在學習上獲得最大的進步。

投入所有的感官，不只有利於學習，也有助於人際方面的溝通。因為，你的團隊能力有一部分是取決於各類感覺經驗的豐富與否。如果你有多種感官是強力的學習管道，你就擁有多種吸收與發送訊息的途徑，因此，你與別人可以進行較好的溝通，在兩性關係方面，也會比較和諧。如果對話的雙方有一個是屬於視覺類型，另一個則是聽覺類型，那麼，他們在一起就會經常雞同鴨講，無法達到有效的溝通。

此外，學習者在五官方面的應用程度，對於學習的注意力也有決定性的影響。接下來，我要說的故事是關於一位有上進心的學生。

專注力

有一位用功的學生一早醒來便下決心，一整天要好好地念書。九點整，他準時坐在書桌前，開始動手整理學習材料。現在，所有的文具與書本都各就各位地放在書桌上，然後這位學生把椅子稍做移動，調整一下坐姿。讓我們假設，他是一名醫學系的學生，今天打算研讀肺臟構造這個單元。首先，他要先掌握這個單元與其他醫學領域的關係，他確定肺臟的構造是屬於解剖學當中關於內臟的部分。當這位學生才剛為這個內容單元在知識領域做出定位，才剛翻開第一本書時，他的眼睛突然瞄到書桌旁的地板上放著一份日報。他知道，今天上午沒有足夠的時間可以讓他仔細地閱讀報紙的內容，所以最好趕快拿起來翻一下。

當他把報紙翻完時，時間已經過了半小時。這位醫科生又拿起今天該念的幾本教科書，首先，他做了一次整體內容的瀏覽。沒錯！這是個必要的步驟，今天的進度是肺臟的構造，這部分是屬於解剖學當中的內臟領域。當這位學生才剛回到這個綱要性的資訊，而且才剛翻開第一本書時，他突然想到，他還沒有打電話到牙醫診所預約看診的時間，這件事已經拖很久了！既然要打電話，那就乾脆也打個電話給女朋友，跟她說聲早安，而且，還要再打電話給朋友，問問他們晚上有什麼計畫？雖然打電話花的時間比原先預期的稍微久一點，不過，這位用功的學生最後還是坐回到書桌前。這時，最後的學習干擾應該已經排除了。他的手指不斷地在書本上敲扣著，並且下定決心，不再被任何雜事打斷學習的進行。可是，前面的幾通電話卻讓他淡忘了學習內容的概貌。沒關係！再重來一次！到目前為止，這個學習動作已經是第二次了。當他翻開教科書，才看沒幾頁，就已經感到疲倦了。他決定起身去煮咖啡，好讓自己提神一下。他還趁著咖啡機在煮咖啡的小空檔，拿起電視遙控器查找頻道上有什麼節目播放，或許還吃了些小點心……

這種情況雖然不會經常發生，畢竟，半天的時間就這樣過去了。他在學習進度上沒有任何進展，而且已經感到很疲累，因為未能完成的工作會比已經完成的工作讓人感到更加困倦。我說的這個故事當然比較誇張，不過，你或許可以在這個故事主角的身上發現自己曾經發生的情形。如果每一位學習者都能具有高度的想像力與創新力，這絕對是令人歡欣鼓舞的現象，只可惜大多數的人都不願起而行。我們該如何把我們的注意力轉移到學習上呢？學校的師長們經常說，「只要專心，就能有好的表現」，這句話對學生而言，可能沒有什麼實質的幫助。

在一般的情況下，人不會把精神集中在某件事物上，人類的注意力就是這樣！當你躺在一片草坪上，你的想法會以聯想的方式不斷地發展和改變。如果你想讓自己集中注意力，就必須把自己的想法集中在一個點上。舉例來說，你如果想讓一張紙燃燒起來，不能只是把它放在陽光下照射，你必須藉助放大鏡，讓它把太陽光束集中在紙張上，才行得通。至於如何讓陽光出現而不只是月光，這就是一個關於學習動機的問題，而不是專注力。

專注力主要是指學習者可以集中自己的注意力，不會讓它從聚焦處偏離開來。讓我們轉移注意力而無法專心的原因不是別的，就是我們的五官。我在前面已經談過，動覺的感官經驗，也就是移動中的人或物，很容易讓我們在學習時分心，此外，還有噪音、暑熱、寒冷或是氣味等等，這些其他種類的感覺經驗也會影響我們精神的集中度。除了這些經由五種感覺途徑而傳入大腦的外在訊息之外，自身的意念與情緒也會影響我們的專注力。如果我們把來自外界的感覺經驗內化，那麼，要處理這些內在的干擾就會更加棘手。比方說，我們成天都在看著上次度假或是派對時所拍下的照片，然後在念書時不斷地告訴自己：「這有誰能記得住？」「別人比較會念書。」「這個我沒辦法！」或者你一直沉緬於某種情緒當中，即使是正面的情緒，也會影響你的學習專注力。

一旦學習被這些內、外在因素打斷時，學習者就需要一點暖身的時間，才有辦法再從中斷點接續下去。如果這種中斷又開始的學習現象很頻繁地發生，那麼你的專注力曲線就會跟一把鋸刀的齒鋒一樣，忽高忽低，這就是學習心理學上所謂的「鋸刀效應」。假設你在開車時一直踩油門，等排檔換到第五檔最高速檔後，便開始踩煞車，等到

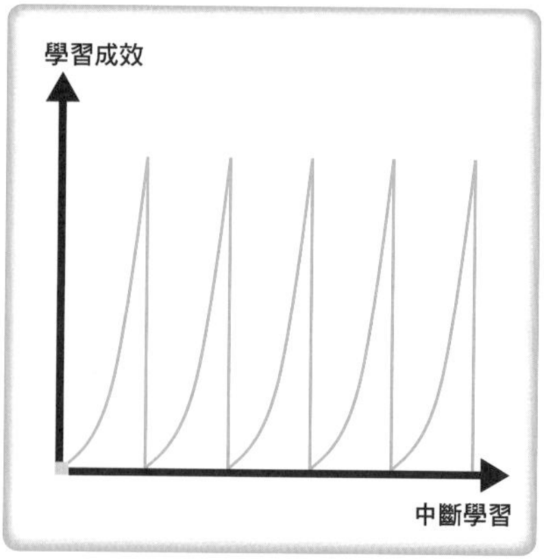

車子快停下來時，你又開始加速。如果你是用這種不斷加速又煞車的方式開車，你將會耗費許多燃料。學習方面也是如此，學習者的能量也是有限的，如果不善加利用，它總有耗盡的時候。

然而，我們該如何避免這種「鋸刀效應」呢？

這裡有一個既簡單又有效的方法：在一個固定的地方念書，而且在這個地方你只能念書，不能從事其他的事。一旦你養成了這個習慣，往後只要你在這個地方坐定，就會自動地翻開書本，埋頭學習。如果你在這個「工作崗位」上從事愈多學習以外的活動，那麼你在這個位子上的專注力就會愈低。

培養專注力最好的方法，就是訓練自己的感官。當你有辦法控制自己的感官時，你就可以將自己的思緒與注意力成功地導向學習材料，不會一再被其他的感覺印象（外在或內在的）所吸引，也不會把焦點從學習內容上轉離。

當我們在進入感官訓練之前，我想先在這裡介紹一道由我本人所發展出的「GEWAR公式」（注：「GEWAR」是Geisteshaltung「心理狀態」、Entspannung「放鬆」、Willensrichtung「意向」、Aufmerksamkeit「注意力」以及Repetition「複習」這五個德文字詞的字首所組合而成的）。在這個公式當中，我收納了五個最能影響學習專注力的因素。如果你在學習時都能考慮到心理狀態、放鬆、意向、注意力、複習這些因素，那麼你就可以保持高度的專注力。

我在前面已經討論過學習者的心理狀態：當你不斷地告訴自己，自己的學習能力並不好，你的學習表現很快地就會跟你的內在暗示同調。請你務必注意這些來自個人內在的干擾，如果你離開讓自己感到壓力的學習領域時，這些心理的干擾也會跟著減少。此外，你還要注意，要讓自己的精神在緊繃與放鬆之間取得平衡。

我在這個方程式當中所談到的意向不只是努力的動機，還有努力的方向與目標。因為，你必須給予緣腦方向感，它才不會產生負面的反應來干擾你的學習，關於這方面，我還會在下面的「時間的管理」這個單元繼續做討論。不過，最重要的是，你可以經由五官來引導自己的注意力。你可以透過下面的複習，反覆訓練自己如何掌控注意力，直到它成為你的「無意識能力」。

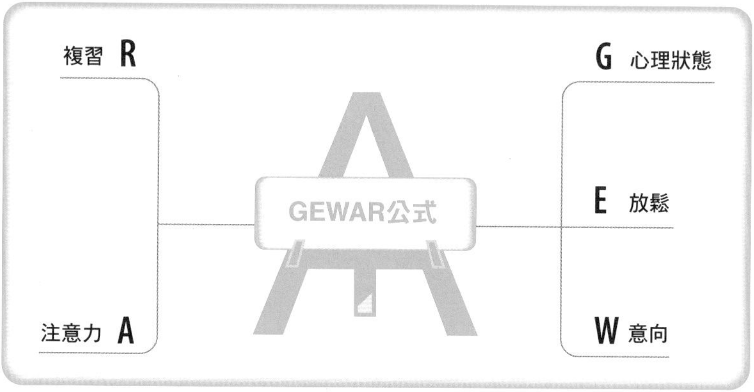

感官的訓練

你是否還記得，人們在學習一項技能並且讓它最終成為自己的無意識能力時，必須經過四個階段？藉由有效的學習訓練，我們不只可以改善自己的記憶力與專注力，還可以讓這些優秀的學習能力從有意識能力逐漸轉成無意識能力。畢竟，與學習效率息息相關的，是這種無意識能力。如果我們天生就擁有傑出的記憶力，這種自然形成的能力已經成為我們的無意識能力，當我們在運用這項能力時，當然不需要再去留意相關的技巧。要記住學習的資訊時，可以帶點遊戲趣味地編出一則故事來串連這些學習訊息，不需在意識中刻意去想出一個故事。總之，無意識能力的運用應該不需花費額外的時間，而且我們不會意識到它們的存在。一項能力的培養必須透過正確而持續的訓練，才能成功地跨越好幾個能力學習階段（參照033頁），才能成為無意識能力。

學習不是讀完一本書之後，就把它堆在箱子裡，學習還要求個人的自律。然而，自律這個概念的背後又隱藏著什麼樣的意涵呢？

對於美國心理學家包狄恩（Stephan Bodian）而言，自律是一種不斷重複某些動作的能力。他把自律分成下面三項元素：確定目標、堅持到底與自我控制。首先，你必須確定你的目標是要提高自己的學習能力，為此，你必須具備相關的動機。要具有足夠的動機，你就必須意識到，這些努力可以帶給你什麼樣的好處。為了讓你增強動機，學習我在本書中所介紹的這套學習方法，我在第二階段「資訊的處理」剛開始時，曾詳盡地討論使用心智圖筆記法的優點。自律的另一個要素是貫徹力：你應該落實每天所必須完成的練習，並持續地練習一段時間，讓這種自律行為成為你的無意識能力。剛開始要培養這個能力時，你會覺得有些困難。包狄恩認為，自律是指一個人的精神品質，你如果擁有自我控制的能力，便不會再隨著每個感官的刺激或願望而起舞。如果這項能力最後可以發展成無意識能力，你將一輩子受用不盡。

我們會碰到某些奇人，他們似乎與生俱來就有無意識能力，不需經過後天的學習與努力。這些人在發展這些無意識能力時，是以無意識的方式通過學習階段。所以，他們無法有意識地告訴你，他們是如何獲得這些能力。你或許聽過俄國專業的記憶大師謝勒歇夫斯基（Schereschewski）這個人，俄國學者盧力亞（Alexander R. Luria）曾用三十年的時間研究這個特殊的案例，並完成了《記憶大師的心靈》

這部傳記。盧力亞在書中以S這個代號來稱呼謝勒歇夫斯基，並用盡各種想得到的方法來研究這位擁有特殊記憶力的鬼才。大家通常認為，這位記憶高手一定擁有較大的腦容量或是異於常人的腦部構造，不過，根據這位神經心理學家多年的研究，謝勒歇夫斯基的大腦器官跟一般人完全一樣。盧力亞當時是俄國心理學界的佼佼者，還是位記憶專家。他證實，謝勒歇夫斯基的腦部完全正常，不過，他確實擁有非凡的記憶力。他還可以確信一點，謝勒歇夫斯基在早期的孩童時代就已經知道記憶技巧的基本原則，而且還將部分的原則轉化成自身的記憶能力。

由此可見，記憶力的好壞完全取決於人們使用大腦的方式。因此，盧力亞在傳記中這麼寫著：「每個字詞都能產生效應，都能在腦海中召喚出一幅圖像」。記憶大師跟一般大眾的差別在於，前者可以根據各種外在刺激在大腦中產生出比一般人更活潑、更穩定持久的圖像，而且，在他腦子裡所形成的圖像還結合了許多「共感覺」的元素在內。「當他在閱讀一本書或聆聽一場演講時，他不只能在腦海中將內容的關鍵詞轉成清楚的圖像，而且他還投入所有的感覺器官去感受這些語言與文字所傳遞出的訊息。」

發明心智圖法的英國學習專家博贊先生，還談到了幾位傑出的記憶天才：義大利人馬格利亞貝齊（Antonio de Marco Magliabechi）也同樣具有非凡的記憶能力，他在讀完一本書之後，可以一字不漏地複述書中的內容，甚至還包括裡面的標點符號。最後，他還背完托斯卡尼大公爵圖書館裡所有的藏書。此外，十九世紀美國記憶天才麥卡尼（Daniel McCartney）的能力也不遑多讓。他在五十四歲時，可以說出自己從孩童時期開始的每一天的生活細節，包括三餐的飲食內容以及天氣的狀況。這些記憶高手在經過專家鑑定之後，並沒有發現他們的腦部有什麼異於常人的地方。博贊認為，這些具有非凡記憶力的人應該在早期的孩童時期就已經發現記憶運作的基本規則了。

當我們在討論閱讀技巧時，我們已經談論過一些閱讀高手的特例。同樣地，你也可以透過訓練來逐步提升自己的記憶力。記憶能力的培養絕不是偶然的，只要你肯持續做這項練習，你一定可以成為這方面的高手！還有一點你必須知道，訓練自己的記憶力，不是為了記住圖書館所有藏書的內容，而是為了讓學習更為輕鬆。

在你的周遭肯定會有幾個人，他們的記憶力就是比你好，而且這種傑出的記憶力已經發展成他們的無意識能力。這是因為他們在學習時比較懂得善用五種感官，只是他們沒有意識到自己在這方面的操作罷了！如同我在本章剛開頭時提過的，其實，只要我們勤做練習，很快地我們就可以超越他們！只不過，這些練習的內容到底是什麼？

⊙ 瀑布練習

「瀑布練習」的設計首先是要提升我們身上各種感覺器官的敏銳度，然後再訓練我們把不同的感覺經驗綜合在一起。同時，它也是訓練專注力與記憶力最好的方法。除此之外，我們還可以透過這項「瀑布練習」讓身心徹底放鬆。

當你覺得疲累容易上身，背部有些緊繃，頭部也不太舒服時，不妨讓自己的身體往後靠向椅背，花兩分鐘的時間做「瀑布練習」。如果你在學習時曾經出現這些不適的症狀，那麼你有可能處在不好的學習狀態。你應該注意自己的身體所發出的警訊，不要任由它們繼續惡化。這項「瀑布練習」可以舒緩這些症狀，還會讓思路變得比較清晰，增強學習的動力。我們不應該找藉口，推託說自己沒有時間做這種放鬆練習。因為，懂得在學習時適度地放鬆自己，不僅可以提高學

習能力，還可以因而省下許多時間呢！

請你發揮一下想像力，想像自己到熱帶地區度假，並站在一處瀑布的下方。首先，請你花大約兩分鐘的時間使用視覺感官，也就是在腦海中製造出視覺圖像。請你現在想像一下，當你站在瀑布下方時，會看到什麼景象？這時，你必須關閉其他所有的感官途徑，專注地進行視覺想像。剛開始要做這項練習並不容易。因為，其他的感覺經驗與想法都會在這時不聽使喚地竄出來。這項「瀑布練習」可以讓你清楚地看到，自己的記憶力與專注力到底如何？你需要花多久的時間才能讓這些瀑布的風景照浮現在眼前？你不妨現在就嘗試看看！

大約經過兩分鐘的視覺練習後，請你再回到書本上來，繼續讀書學習。當你經過一段時間又發現，自己不想再繼續讀下去，或者身體對於壓力出現了反應時，請你再把身子往後靠，再花兩分鐘的時間把注意力放在聽覺方面。請想像一下，當你站在瀑布下方時，你會聽到什麼聲音？同樣地，你必須在這時關閉其他所有的感官途徑。等到下次你又覺得學習狀況不好時，你可以訴諸動覺感官。自行想像一下，當你站在瀑布下方時，會感受到什麼？我想，應該是下沖的泉水落在肌膚上的那股力道與涼勁吧！

請在接下來的數天內，交替地進行與瀑布有關的視覺、聽覺與觸覺的想像練習。剛開始要假想自己站在瀑泉下，並停留在一種感官經驗，這實在不容易。當你的記憶力與專注力透過「瀑布練習」而大幅獲得改善後，你在做這個練習時就會更加得心應手。你可以開始嘗試在為時兩分鐘的「瀑布練習」當中，同時結合兩種感官經驗，例如，同時進行視覺與聽覺的想像：請想像澎湃作響的瀑泉會是什麼樣的景象，並注意它所發出的聲響。接下來，請嘗試將聽覺與觸覺的想像做結合，然後是聽覺與嗅覺等等。如果訓練的進行都很順利的話，最後，請嘗試使用三種感覺器官進行多重的感官想像。如果跟剛開始做「瀑布練習」的情形比較，相信你這時會有完全不一樣的體驗。「瀑布練習」是一項絕佳的學習訓練，它可以開發與訓練個別的感官，然後再逐步地將這些感官的知覺結合在一起。你也可以在這項感官訓練中，嘗試加入嗅覺與味覺的想像練習。

⊙ 補充練習

冥想出清楚的圖像對於感官的訓練，特別是在初步階段，是很重要的。因為，視覺管道在吸收訊息的效率遠遠地超越其他的感覺器官。在此建議你，不妨在候診室等候醫師看診時（或是在等候公共交通工具的時候），利用這段零碎的時間訓練自己的視覺感官。請你隨意選定一個物件，例如，一張海報或是一排樓房的正面，仔細地朝著目標物定睛地瞧著。接下來，請你閉上眼睛，用觀想的方式再現物體的圖像。當這個影像在腦海中浮現時，請你睜開雙眼，針對自己內在觀想的圖像與物件的實際狀態進行比較。請在每一輪的閉眼冥想與睜眼觀察之後，在腦海的影像中加入先前未能注意到的細節，並把它朝實像狀態做修正與調整。經過數分鐘的視覺記憶練習之後，你會發現，自己所觀想出的圖像最後會跟實像一模一樣。如果視覺不是你所偏重的感官，剛開始要訓練自己在腦海中浮現這些影像並用內在觀想的方式保有這個視覺訊息，就會比較困難。不過，只要經過練習，你就可以擁有這方面的視覺能力了！

在日常生活中，有許多可以讓你訓練感官的機會。當然，你還是可以依舊故我地在紙片上列出物品採買的清單，不過，你也可以考慮使用聯想的技巧把這些準備採購的物品串聯成一個故事（就如同我在前面編的那個太陽系九大行星的故事一樣），藉此來訓練自己的視覺感官。更何況把待購的物品編成故事，在技巧上還比較容易，因為它們都是具體的實物，不需再經過實像化的過程。使用這種圖像聯想的記憶技巧，可以讓你順利地記住二十個以上的物品。你不妨在生活中嘗試看看。

根據我的教學經驗，一般人比較願意為必須學習的知識領域來訓練自己的感官。不論是為了學校的考試、職場的進修或是私人的嗜好，當你在從事這些學習活動時，要懂得善用機會，以培養敏銳的感官知覺。

現在讓我再以法律學這個專業領域為例。這個學科總讓人覺得很枯燥，而且，它在內容呈現方面絕大部分都不符合大腦處理資訊的方式，如果你在學習時能使用視覺聯想的技巧學習，那麼這些艱澀的法學知識就可以迎刃而解了！這種訓練感官的方法在原理原則上是不變的，所以，也可以適用在其他的學科領域。

⊙ 「工商行業」的法律定義

下面這個「工商行業」的法律定義，每位德國大學法律系的學生從進入法律系就讀到參加國家考試，都會碰到好幾次：

工商行業是具有商業或技術能力的人所從事以營利為目的的活動。工商行業允准對外營業，它的運作具備計畫性與自主性，與自由業、科學以及藝術方面的活動無關。

與這個法律定義有關的結構式圖卡如下：

為了訓練我們的感官，現在我們可以自行編出一個跟上面的法律定義相關的故事。

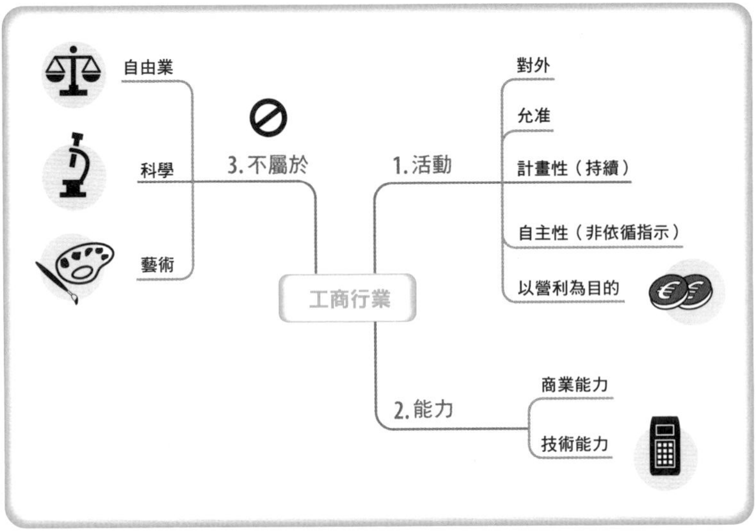

首先，是一個關於航空公司的例子：一架飛機放下它的梯子（**對外**），等到所有的乘客都登機之後，領航員便給予起飛許可的信號（**允准**）。機長在一張航空地圖上再次檢查預定飛行的航線（**具備計畫性**）。飛機才剛起跑，他便關掉自動駕駛系統，親自駕駛飛機（**自主性**）。這時，機上有一位空中小姐在向旅客兜售香菸（**以營利為目的**），她發給他們一些印刷精美的產品小冊子（**商業能力**），並忙著用計算機換算商品的匯率價格（**技術能力**）。不過，有幾個人並沒有坐上這班飛機（**不屬於工商行業的行為**）：一位律師（**自由業**）正要對手邊的一份契約內容提出不同的意見、一位科學家（**科學**）打算拆卸飛機的兩個機翼，還有一位藝術家（**藝術**），他想要為飛機的機身塗上鮮艷的色彩。

請你把這個故事內容複習一、兩次，然後再試著回想上面那條法律定義的內容。剛開始時，你可能會問自己，如何把法條跟這個故事牽扯在一起。然而，經過練習之後，你會覺得這並不是一件難事。你會發現，藉由這些練習不只是自己本來的記憶力，就連創造力也會獲得大幅的提升。

此外，一位曾經參加我的學習訓練課程的女學員曾經針對「工商行業」的法律定義，編出一個跟特種行業有關的故事：一名上圍突出的（**對外**）妓女站在街頭招攬生意。這時有一位警察路過，不過他並沒有過去關照她，因為這種行為在紅燈區以外的地方還是被許可的（**允准**）。這名妓女的手裡拿著一張清單，上面寫著當天必須接待的恩客名單，因為她必須完成這些工作量（**具備計畫性**）。她後來很快地送走一位古怪的男士，這個怪咖戴著一條小金鍊，要向她要回剛才付給她的錢。這名妓女把錢如數歸還，因為她不想完全按照客人的指示來提供性服務，她是獨立的個體戶（**具備自主性**）。她把一個錢袋掛在臀邊，裡面被錢塞得鼓鼓地（**以營利為目的**）。她專門用一把計算尺來計算自己的收入（**商業能力**），金額很高，因為她的床上功夫非常好（**技術能力**）。當然，她在選擇客人時也有一些基本的原則，並非來者不拒（因為現在出現了例外的狀況：**不屬於**工商行業的行為）。有哪些人是被她排除在外呢？例如，穿西裝、打領帶、拿著公事包的禿頭律師（**自由業**），穿著白色的工作袍、灰髮蓬亂、深陷苦思的大學教授（**科學**）還有藝術家（**藝術**），因為他們沒有錢而且看起來很邋遢。

你也可以針對這條法條自行編出一個相關的故事，做為自我訓練。關於工商行業，你還可以形成其他的視覺圖像，例如遊樂園、魚市場或是潛水訓練班。請記得把自己融入這個故事裡，這會增加你跟這個故事的相關性。請你盡量誇大故事的情節與相關的視覺情境，因為我們的視覺感官比較容易注意到不尋常和超現實的圖像。我們的眼睛如果覺得有些東西看起來很特別，這就表示它們是值得矚目的。同樣地，你並不會記得上個月的每一天，而是比較特別的那幾天，例如滑雪、玩風帆或是參加派對的那幾天。可惜的是，我們在念書時並不懂得運用這項記憶原則。我們通常是坐定在桌前，然後開始埋頭讀書，並不會特別去強調其中的內容要點，或是用所有的感官去冥想一些特別的資訊。然後，我們會很訝異地發現，這些學習內容在經過一段時間後，完全從腦部的記憶庫流失無蹤。

我鼓勵你用想像力來掰故事，主要是希望能訓練你的感官並提升你原本的記憶力。在這裡我要特別強調一點，我並不是要你針對「所有的」學習內容編織出歷歷如繪的故事，而是要針對「最重要」的部分。其它較為次要的重點，你只要使用聯想的方法讓它們與主要的重點做連結便可。我相信，年長的一輩還可以清晰地記得，當美國前總統甘迺迪（這位知名的歷史人物也是一位速讀高手）被刺殺時，他們當時人在哪裡，跟誰在一起，正在做什麼。因為，這些生活訊息剛好跟一件令人震撼的事件連在一起。九一一事件則是比較近期的例子，相信你一定還記得，當電視新聞台在播放九一一事件的畫面時，你正在做什麼。

我們經常會認為，某些輔助記憶的方法不過是唬弄別人的花招，天生擁有高超記憶力的人，跟這些記憶術是毫無關係的！其實，這是個完全錯誤的想法。那些天生的記憶高手，就是使用技巧來強化自己的記憶力，只是他們不知道自己在學習這些方法罷了。

一個重要的學習原則是：曾有相關學術研究指出，人類在性方面擁有近乎無限的記憶力。你可以用與性有關的聯想幫助你記憶，雖然這一類曖昧的故事可能會激怒某些人。

3-2-1練習的延伸訓練

當你在第二個星期的閱讀訓練時，你就可以學到如何成功地將心智圖法整合入3-2-1練習裡。為了繼續提升自我的閱讀能力，你應該再向前跨出一步，做進階的3-2-1練習。這項練習是屬於第三個星期的閱讀訓練，每次當你在做閱讀練習時，應該試著將某些字詞視覺化。不過，你必須先檢視自己是否符合進行這項進階練習的前提：足足有兩個星期的時間，經常做3-2-1練習，而且還可以很順手地搭配使用結構式圖卡。

即使如此，剛開始你還是會覺得自己跟不上。怎麼可能做得到呢？在閱讀第二輪和第三輪時，閱讀速度的要求遠遠超出你原有的水準，你必須把注意力集中在心智圖的關鍵詞上，同時還必須在腦海中繪出圖像。即使你在頭幾次的閱讀時，腦袋裡一點圖像都生不出來，也沒有關係。這個努力的過程正是訓練的關鍵。可以幫助你脫離感覺舒適區，成功地在腦細胞之間促成新的突觸連結。你的意識中會突然出現第一幅圖像，那就是竅門所在了。請你好好地利用所謂的「高速公路效應」。經過練習之後，你將會很驚訝地發現，閱讀時要在腦海中畫出圖像突然間不再是一件難事。如果你學會這項技巧，你就更能將「資訊的儲存」與前兩個學習階段「資訊的瀏覽」與「資訊的處理」融合在一起。

如果你對於如何增強記憶力的其他練習感興趣的話，你現在就可以翻到本章的最後一節「更多的感官訓練」。我在該章節有介紹一些記憶法，以及記憶大師們如何透過方法來達成那些令人嘖嘖稱奇的記憶力。透過這些與大腦記憶能力有關的基本知識，你將會知道，要擁有傑出的記憶力並不需要特別的天分，而是要掌握正確的記憶技巧。

現在讓我們再把話題轉到閱讀的主題。當你的閱讀能力不斷提升時，你會發現，自己會用「默念」的方式來強調關鍵詞。所謂的「默念」是指，閱讀時，在心裡跟著讀出內容的文字，並沒有真正地發出語音。當你在閱讀時，請不要從頭到尾跟著默念，因為這種做法就好比你把一本書全部的內容，包括每一個字詞與每一個句子，都用色筆畫上了重點。如果你想要突顯內容的要點所在，你只能在某些關鍵詞上使用色筆。同樣的道理，如果你希望在閱讀時能運用聽覺的管道，你只能針對重要的關鍵詞做聽覺的內在加強。強調內容的重點可以讓你擁有主動而積極的閱讀態度，你的理解力與記憶力也同時獲得提升。

要理解字詞內容的意義，並不一定要把它們唸出來（不論是否發出聲音）。許多人在閱讀時想要聽到相關語音，這已經成為他們的閱讀習慣，而且可能已經持續數十年。一份文字資料大約有百分之六十的內容是由四百個左右的字詞所組成的，其中，包括了像「這個」「那種」等這一類的指示形容詞，或是關乎文法結構的字詞，比方說，連接詞等。這些字詞，不是內容的重點所在，其實你不一定要跟著默念。不過，這並不表示這些字詞不具重要性，有時它們甚至是理解內文的關鍵所在。當你讀到這一類的字詞時，你雖然不一定要默念，但是你還是不能跳過或忽視它們。比方說，如果資料當中出現像逗號或是問號這類的標點符號，你也會在心裡跟著說「逗號」或「問號」嗎？幾乎不會。因為，你已經掌握了內容的結構，而且已經理解內容，默念的習慣只會妨礙你的閱讀。

閱讀，是人類唯一一件會透過視覺訊息來「聽」、而不是「看」的行為，儘管我們的視覺器官對於訊息的接收能力比聽覺器官要高出大約一百倍左右（以位元為測量單位）。那些閱讀速度很慢的人，我們有時還可以看到他們在閱讀時雙唇或頸部的喉頭稍微在動著。

美國女教育家伍德（Evelyn Wood）曾發明一種廣為使用的速讀法，並於一九五〇年代針對當時世界各地速讀天才做科學的分析研究。在研究的過程中，這些速讀高手會被問到，如何達到這麼快的閱讀速度？根據他們回答的內容，他們自己也不清楚關鍵性的竅門在哪裡，反正他們就是會速讀。經過一段時間的研究，她終於發現了一個現象：有效率的閱讀者，不會為了理解閱讀的內容而想要「聽」到這些文字的語音，他們擁有的閱讀能力是從直覺來的，並沒有經過任何人的指點。

在這裡我要提醒你，不要擔心默念的行為合不合適，而讓它造成你的心理負擔。你要清楚知道自己在閱讀時有默念的習慣，並試著接受它。如果你完全禁止這項閱讀習慣，那只會引發緣腦更強烈的抗拒。因此，你要輕鬆地看待它，不要急著去矯正它，當你的閱讀能力增強時，你自然而然就會把焦點轉到重要的字詞上。當你逐步地加快你的閱讀速度時，你的大腦只會把注意力放在最具關鍵性的內容上，也就沒有時間再跟著讀了。

④ 學習時段

我們已經在本書第一章討論過知識學習的曲線。就如我們所知道的，在理想的學習狀態下，這條知識曲線會呈指數性增長。可惜的是，許多學習者的知識曲線不僅沒有向上提升，反而向下掉落。因為大多數人並不知道人類在學習時的生物學基礎，傳入大腦的訊息會在不自知的情況下自然地流失。要對抗記憶的流失並不容易，它甚至比逆流游泳還要困難，不過，這並不是完全不可能的事。成功的關鍵在於，學習者必須知道人類短期記憶庫的資訊儲存量是有限的。首先，讓我們來看看，學習資訊從一開始被吸收，一直到成為長期記憶的過程會經過哪些階段。

資訊的路徑

我相信，你以前曾經聽過「超短記憶」（或稱為「感官記憶」）、「短期記憶」與「長期記憶」這些概念。幾乎每一本與記憶術有關的書籍裡，作者都會振振有詞地提到資訊留存在這三個記憶庫的個別時間長度，只不過，說法都不一。其實腦部的記憶是一體的，這三個記憶庫實際上並不存在，它們只是學習專家的解說模型，主要是幫助大家更清楚地了解大腦處理訊息的過程。

所有經由我們的五官傳入大腦的外在刺激，會先以「電脈衝」的形式在我們的大腦裡繞轉。這些感覺訊息會在我們不自知的情況下轉成腦波，不過，這些腦波在經過幾秒鐘後就會消散無蹤，並沒有形成任何相關的實體物質存留在腦部。你可以在慢跑時，觀察這種訊息消

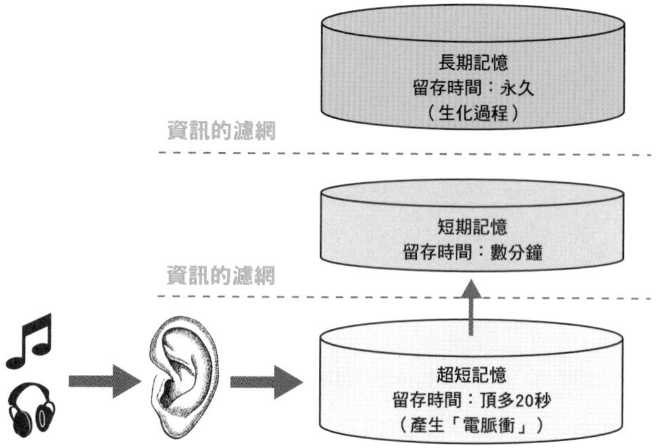

散的效應。當你閉上眼睛繼續跑步時，你覺得剛開頭的一、兩秒還不錯，接下來大部分關於周遭環境的感覺訊息便開始消失，你會開始感到不安，因為你已經無法確知，下一個路燈在哪裡。如果你想讓停留在感官記憶（超短記憶）的訊息進入短期記憶，你就必須將注意力集中在這些新進的感覺訊息上，並把它們與既有的知識做連結。

短期記憶的功能是儲存我們認為重要的、並且是我們刻意想要記住的訊息。我們的大腦會根據這些在短期記憶庫裡的感覺訊息，複製出一種暫時性物質，也就是所謂的RNA基質蛋白，無形的訊息就會在短期記憶區裡轉成有形的物質。傳入大腦的訊息在進入短期記憶庫之前，必須先經過第一層資訊濾網的把關，這層濾網就像門房一樣，只會讓特定的訊息進入短期記憶庫。藉由這層訊息的濾網，我們可以保護自己不受到過多資訊的沉重負擔，而且，比較容易在眾多訊息當中找到生存所需的方向感。如果所有新進的訊息都被導入短期記憶庫，我們的大腦往往會被資訊塞爆而崩潰。

要讓學習訊息順利地通過這道篩選資訊的濾網，專注力是必要的，而且，我們只能透過感覺器官來集中自己的注意力。學習者的記憶力既然有一部分是取決於他的專注力，可見專注力的重要性。可惜的是，我們在學習時，專注力經常不足。當我們在圖書館念書時，有時我們會比較知道周遭發生了什麼事，而比較不清楚書本上寫了些什麼內容。

如果我們已經成功地提升了自己的專注力，而且我們已經知道如何讓新資訊順利地通過濾網篩選訊息的關卡，接下來我們還必須面對一個問題：人類的短期記憶只能收納有限的訊息。許多科學家曾經研究記憶的現象，我在下面所要介紹的科學研究是經過長期的實驗觀察，並且動用了許多受試者參與實驗的研究計畫。至於，如何把這些研究成果落實到實際運用的層面上？關於這一點，我隨後還會再做說明。

有限的記憶容量

在這裡，我要介紹一項關於記憶的科學實驗。首先，研究人員把所有的受試者分成三個實驗小組，依照實驗的設計，這些受試者必須在實驗進行時閱讀文字資料。第一組受試者所分配到的閱讀時間超過兩個小時，當閱讀結束後，研究人員隨即針對閱讀內容要求他們回答問題，以了解他們對於內容的記憶力。下面這張圖表是研究人員根據第一組的問答結果製作而成的，他們發現，這些受試者可以記得許多在閱讀剛開始時所讀到的資訊，至於後來所讀到的內容就比較記不住。這種現象在學習心理學上被稱為「初始效應」。

第二組的受試者只有兩個小時的閱讀時間，閱讀時間結束後，研究人員會讓他們稍做休息，然後再針對閱讀內容提出問題。結果顯示，第二組受試者也出現「初始效應」，不過，在閱讀時段的末了還出現了「時近效應」，也就是說，受試者比較能記住在閱讀時段後期所閱讀過的資料。這個現象是因為研究人員讓受試者在經過兩個小時的閱讀之後，曾讓他們稍做休息，而不是用立刻提問的方式繼續塞給他們新訊息，而覆蓋住先前所吸收的閱讀內容。此外，研究人員還注意到，記憶曲線在閱讀時段的中期出現了

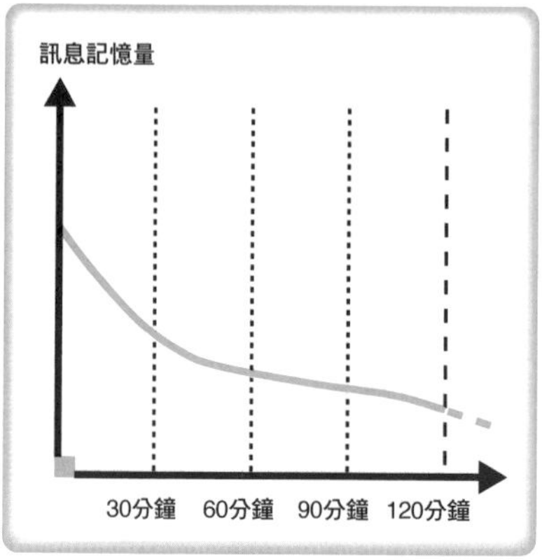

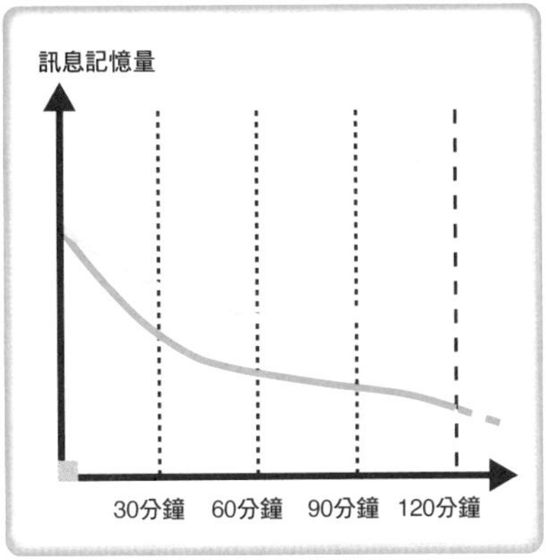

滑落的現象，不過，滑落的情形並不嚴重。

第三組受試者閱讀時間的總長度也是兩小時，只是分割成四個閱讀時段，每個閱讀時段為三十分鐘，而且，閱讀時段之間還穿插著一小段的休息時間。在閱讀實驗結束後，同樣地，研究人員會針對閱讀材料的內容詢問受試者。研究結果顯示（參見下頁圖），第三組受試者的記憶曲線各出現四次「初始效應」與「時近效應」。此外，記憶曲線在閱讀時段的中期所出現的下滑幅度比第二組受試者還要小。休息時間是大腦處理訊息的重要階段。我們在學習時段所吸取的新知識，會在我們的腦部打轉，如果要讓大腦建構這些新進的訊息，並讓它們與舊的知識做連結，我們就必須暫做休息，停止資訊繼續輸入，讓大腦有時間把這些已經傳入卻未處理的資訊，與既有的知識做整合。

請你想想我們大腦短期記憶庫有限的容量。我們往往花很多時間與精力吸收許多新知，不消多久，這些資訊卻又被忘得一乾二淨。只有在我們休息的時間，新的學習內容才能在大腦中獲得整合。比起你完全不做休息，不停地學習，你會發現，只要稍做休息，你將擁有更多可以運用的知識。

這就好比電腦硬碟的容量，當你同時使用愈多的軟體時，電腦的運算速度就會愈慢，這時，你就必須暫停一下，讓電腦有時間去處理剛剛你所下的那些工作指令。或者，我們也可以拿一杯水做比方：一

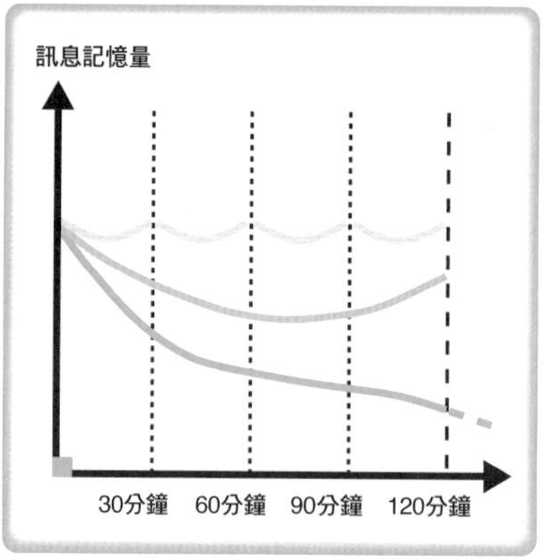

旦你把水倒滿整個玻璃杯時，就無法再將水斟入，否則就會使杯內的水滿溢出來。就學習而言，當大腦塞滿了尚未被整合的新資訊時，不是無法再接收新的訊息，就是既有的訊息會被不斷傳入的新訊息所覆蓋。由此可見，不做休息反而會對學習造成干擾。這就如同我們在一棟房子的四周砌上一道圍牆，圍牆才剛完成卻又要開始拆掉它的後半部。

在學習時，大腦的記憶力頂多只有四十至五十分鐘可以維持在不錯的狀態，超過這個時間之後，記憶力就會急速地下降。可惜的是，一般人並不了解這個現象，這是由於人類的理解力與記憶力在經過一段時間後，會彼此不同調，比起記憶力，人類的理解力能有較長的時間處在優質狀態。當你念書超過兩個鐘頭時，理解力並不會衰減，然而，你卻只能記得其中少部分的內容。當然，一個學習時段還是可以超過五十分鐘，比方說，你除了研讀材料之外，還需要針對學習內容做構思、做概念性處理，或者你需要解決其中某個問題。頻繁的休息可以提升記憶力，卻會對理解力造成干擾。如果你在學習時，著重理解力的加強，這時你就不應該要求自己提升記憶力，因為兩者焦點不一樣。如果你一心想要儲存新的訊息，那麼，每一次的學習時間不應超過四十五分鐘，而且應該搭配休息的時間，只要五分鐘就夠了，或者，你也可以考慮做更久的休息。為了能長時間維持高效率的學習狀態，在此建議你，必須持續在緊張與放鬆之間找到一個平衡點。如果

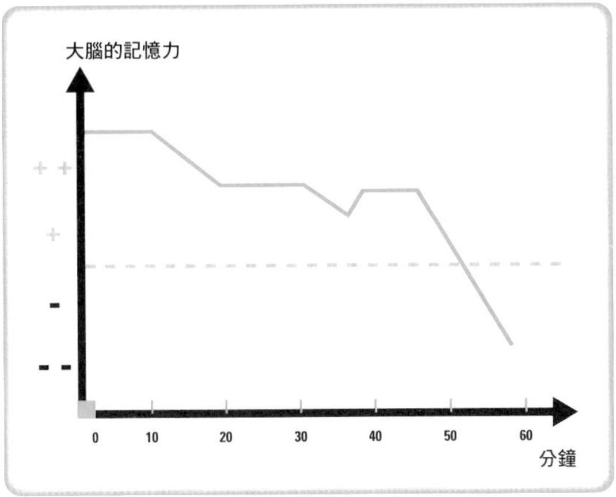

你念書的時間超過四十五分鐘，你的左右腦就會自動罷工，你這時就無法集中精神，思緒便開始亂飄。

以下這個例子是我在準備國家考試時經常碰到的情形：我那段期間在圖書館念書時，會碰到有些同學很高興地跑來告訴我，他剛剛花了三個小時終於把一整本書K完。此時我會在心裡這麼反應：「我又少了一個對手！」我相信，如果有人問他這本書的內容，他能主動說出的東西可能不多。德國司法官與律師的國家考試也是法律系學生的畢業考，通常有超過百分之五十的應屆畢業生無法及格過關，由此可見，正確的讀書方法有多麼重要。一旦原先記住的學習內容，在某個時間點過後開始大量流失，你才警覺到這個問題的嚴重性。

許多人拚命用功了三個小時之後，就讓自己放鬆一下，窩在角落看報紙，這也是錯誤的做法。你應該在休息的時段讓腦部休息，那些你在學習時段所吸收的資訊才能被大腦做進一步的整理與整合，所以，不宜在這時候再傳入任何新的資訊。如果你在休息時還吸收新訊息，那麼這些新訊息就會干擾大腦處理你在學習時段所吸收的那些學習資訊。在這裡我必須強調一點，我並不是主張你應該在休息時躲進陰暗的地下室，完全謝絕任何外在的感覺刺激。在休息的時段與他人聊聊天是沒問題的。我們只要注意，別在休息的時候繼續吸收新的資訊，比方說看報紙，特別是看電視更應該盡量避免。

在休息時間如果能到戶外呼吸新鮮的空氣，對學習絕對是有幫助的。最好能起身離開座位，這個動作確實可以幫助你停止學習，不再讓自己繼續思索在學習時段所研讀過的那些材料。當你快要結束一個時段的學習時，請你最多用一分鐘的時間把這些內容在腦子裡再轉一遍。而且，你最好把對於內容的想法，盡可能地歸納成一個重點。當你在休息過後，正要開始另一個學習時段時，就可以從這個重點出發，接續上個學習時段中止的進度，不需經過熱身階段就可以立刻進入狀況，繼續學習。

同樣地，你如果在一天當中，必須暫停手邊的工作，轉而處理另一件事情，也可以套用這種方法。假設你在上班時，正在辦公室趕製公司的營業報表，這時，桌上的電話響起。如果你這時立刻拿起聽筒接電話，剛開始你會無法集中注意力在對方的說話內容上，因為部分的注意力還停留在那份營業報表上，後來你才逐漸地把注意力轉移到電話的交談上。當你結束談話，掛上電話時，如果立刻回到那份營業報表的製作上，同樣地，你也需要一點時間讓自己進入狀況，因為剛才在電話中交談的內容還在你的腦子裡打轉，你還無法擺脫它的影響，大腦的記憶庫只會逐步地釋出訊息資源，供你製作那份營業報表。

活動之間的交疊會讓當事人耗費許多的能量。這樣的情形如果持續一整天，就會讓人感到疲勞和虛脫。現在，讓我們再以營業報表的製作為例子：當你把注意力轉移到電話交談之前，請你把當時的工作

進度簡略地歸納成一個重點。經過練習之後，你在做這個動作（當這個動作已經成為你的無意識能力時）所花費的時間將不會超過一、兩秒。當你完成這個重點歸納的動作時，你就可以把正在製作的營業報表擱在一邊，全神貫注地接聽電話。當你講完電話後，你必須針對剛才的談話內容約略地做個摘要，並且在意識裡告訴自己，電話交談已經結束了。然後，你的精神狀態又可以完全投入營業報表的製作，你可以從剛才中斷的地方很順利地接續下去。請你試試這個方法，你將會發現，它可以讓你節省許多時間與精力。

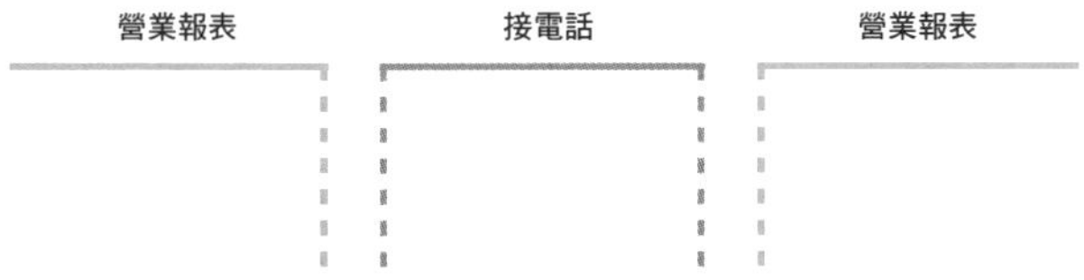

不過，說的總是比做的容易。通常，我們要等到有類似的情況發生時，才會想起這項技巧的操作流程。你不妨考慮，把上面這個圖表畫在一張自黏便條紙上，然後把它黏貼在視線的範圍內，比方說，書桌的檯燈上。如果你在匆忙中忘記使用這項技巧，這張便條紙對你而言，就是一種即時的提醒。經過多次的操作之後，我相信這個技巧可以很快地成為你的無意識能力，你不需再經過思考便能使用這個方法。現在讓我們再回到學習時段的主題上。

我在學習訓練的課程上經常發現，學員們對於一個學習時段只能三十至四十五分鐘很不以為然，他們覺得這樣的時間長度太短了。人通常都希望，在理解力最好的時候，能繼續用功下去。這一點正好是我剛剛談到的學習問題：人類大腦的理解力與記憶力的消長狀態並不一致。除此之外，我敢說，一個沒有受過專注力訓練的人，要在這三十分鐘內從頭到尾把注意力集中在學習內容上而不分神，這幾乎是不可能的！這就是為什麼我要提倡學習時段不要過長的原因。

如果學習者知道，只要讀個三十分鐘就可以休息（即使只有五分鐘），他的學習動機就會比較強烈。想要隨手完成的雜事就可以放心地等到這三十分鐘過後，留到休息的時間再做處理。你可以先把這些有待完成的瑣事寫在一張便條紙上，把它們從心頭卸下，等到一個較長的休息時間時，再一口氣把這些事情完成。請你現在回想一下我在前面講過的「鋸刀效應」。

根據我長期在格綠寧學院授課的經驗，許多學員們都認為，針對一天的學習時段與休息時段訂出一張作息表，對於學習狀況是有幫助的。如果你必須長期準備一項大考，為每個學習日規畫時間計畫表是很有用的，不過，你也不需太過緊張，要求自己要分秒不差地遵守這個時間表。

下面的時間表是一個非常有魄力的時間表，不過，這麼緊湊的讀書計畫可能只適用在準備大考的時候。如果要讀的內容沒那麼多，相對的，每天就可排定較少的讀書份量。

如果你在做在職進修，就需要不同的學習計畫。因為你白天必須完成許多工作上的事務，無法全心投注在讀書上。這時，你就必須把個別的讀書時段分散地安插在一天的時間內。或者，你剛好有一整天的時間可以專心讀書，然而在實際執行時，卻無法精確地遵守這些時

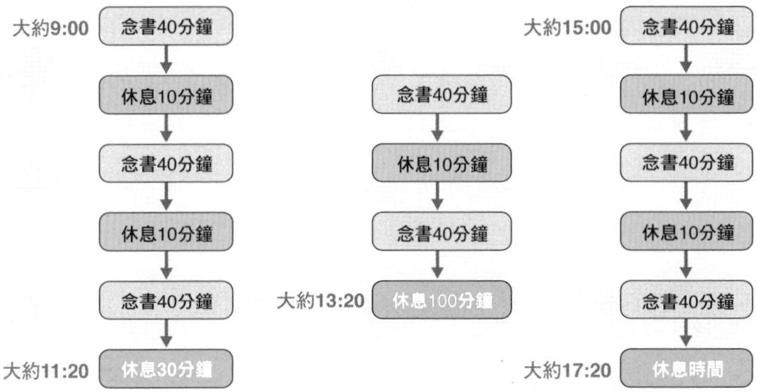

間規畫。其實你只要知道上面這張作息表在時間規畫上的原則便可，並不需要強制自己精確地遵從這樣的時間安排。比方說，當你還剩三頁就可以把一個章節讀完時，你就可以彈性地延長讀書的時段。用於記憶與複習時（資訊的儲存），必須注意一次不要超過四十分鐘，以免降低學習效率。

我在這裡提出學習計畫表的用意，主要是讓你知道正確的時間作息概念。學習計畫在執行上並不具備強制性，因為有些人根本無法完全按照這個時間表專注地學習，而且還會因為這類的學習計畫而減少需要的休閒時間，即使在玩樂時，也會因為無法按照計畫表認真學習，而受到內心的控訴，無法完全放鬆自己。不過，訂定讀書計畫還是有必要的。曾有研究結果指出，毫無作息規畫的學習者，讀書效率頂多只能達到有讀書計畫的學習者的百分之三十至四十而已。研究人員發現，那些沒有制定時間表、整天坐在圖書館讀書的學生，雖然前後花了八個小時坐在書桌前讀書，其實有效率的學習狀態不會超過二至三小時。

你不妨觀察一下自己的學習狀況，看自己在讀書時實際上花了多少時間在空想、跟別人聊天或是做一些無關學習的瑣事。你可以針對自己一天的作息做時間紀錄，包括所有干擾學習的活動都要一併填入，當你完成一天的活動記錄時，你會很驚訝自己花在學習的時間其實並不多，如果不做這種學習干擾的分析，就根本不會發現這個現實。不妨試試看，在一整天的學習當中，規畫出幾個休息時段，再比較以前毫無時間規畫的學習方式，你會發現，這兩種學習狀況存在著很大的差別：把一整天的時間切割成幾個學習時段與休閒時段，會比沒有時間規畫、從早到晚坐在書桌前讀書還要有效率。

既然我在這裡談到時間的規畫，接下來我要進一步討論我們在生活中的「時間管理」。正如我在前面提過的，學會正確地運用時間，就人生整體而言是很重要的，並不局限於學習方面。善加使用時間是我們從事任何活動的基礎，所以下面我要談到的時間管理將不限於學習方面，況且，如果我們能夠掌握時間，在學習方面就能騰出足夠的時間。

⑤ 時間管理

我們經常聽到人們抱怨時間不夠用。上帝每天給每個人二十四小時，也就是一四四〇分鐘，然而，每個人對於時間的主觀感受卻不一樣。當你在從事休閒活動時，會覺得時間過得飛快，當你坐在牙醫診所的候診室時，雖然只花五分鐘的時間等候，卻感覺時間過得很慢，像是一場漫長的等待。

時間具有與物質不同的特性，你既無法將時間蓄積起來，也無法把用不到的時間挪到日後再使用。每個人每天所分配到的時間是一樣的，再多的金錢也無法買下區區的五分鐘。時間不停流逝，我們無法讓它重新來過。儘管如此，我們還是很少花心思去思考自己平常所浪費的時間。

有些書籍會教我們把國民的平均壽命減去自己的年齡，然後把剩餘的年歲換算成秒數，通常所得出的秒數會少於我們先前的預期。現在請你看著手錶的秒針，當秒針每動一下，你就把人生僅剩的秒數在計算紙上減一，這項練習雖然讓人覺得有點毛骨悚然，卻可以增強你個人對於時間的敏感度。對你而言，時間比金錢還要有價值，還是金錢比時間有價值？或者，時間對你而言就是金錢？人們一小時得付你多少錢，你才願意犧牲自己的休閒時間，來為他服務？

當我在開設學習訓練課程時，曾把時間管理的基本規則納入自己所制定的時間週期裡。對我而言，這些規則是決定時間管理能否成功

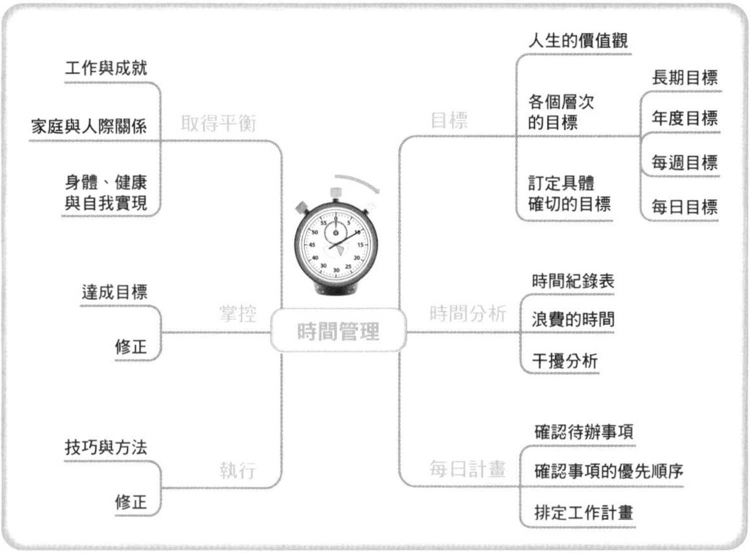

的關鍵。你不需顧慮，實行時間管理會把人生所有的時間都規畫得很嚴密，而導致無法隨性和彈性地運用時間。

我鼓勵大家要做時間管理，主要的用意是希望大家能善加規畫工作與讀書的時間，好讓自己能充分享有休閒娛樂的生活。

預定達成的目標

目標是每一項行動的標竿。一個人如果沒有目標，就會認為每一項行為，包括成天無所事事地躺在沙發上，都是好的。美國知名的文學家馬克吐溫曾有一句名言：「如果我們沒有了目標，做事就會變得事倍功半。」如果做事沒有目標，即使擁有絕佳的做事效率，收益也不大，因為我們並不清楚行動最終要達到的目的是什麼。在這裡，我們還必須區分「效率」（efficiency）與「有效性」（effectivity）的不同。「效率」是指，用正確的方式做一件事；「有效性」則是指，做正確、能收實際成效的事。舉例而言，你現在想進入心愛女子的閨房，並打算用爬梯，從她房間的窗戶進入。快速登上爬梯，就是有「效率」；不過，把爬梯放對地方就是有「有效性」。

請你把確定目標與爬山攻頂做比較。為了能夠到達目的地，讓你可以從山腳下地走上通往峰頂的路徑，你在規畫爬山的途徑時，就應該處處以攻頂為考量，不能失去這個目標。當你從山腳下出發，開始往上爬時，你可能會經歷危險而停滯不前，甚至必須中途折回。同樣地，個人的人生觀就好比是峰頂，當你在做生涯規畫時，你必須從人生的價值觀出發，因為，人生觀代表一個人一生奮鬥的最終目標。這時，你應該問問自己：「在我的生命中，什麼是最重要的？」「我最後想達成的目標是什麼？」要回答這些問題，其實並不容易，因為你必須清楚知道，什麼是自己的人生價值。價值觀是一個人行動的準則。你認為人生最有價值的東西是事業上的成就、人際關係、社會的參與及認同，還是個人的自由？這些選項可以因為每個人不同的價值觀而被無限地擴增。在這當中，什麼對你而言是最重要的？

如果對你目前而言，確定人生的終極目標有困難的話，我在這裡有一個訓練方法可以幫助你：請你假想自己正在慶祝八十歲生日，會場上出現幾位來賓，他們談論著你過去在許多生活領域與生命階段的種種事蹟。這時，身為壽星的你，會希望從他們口中聽到什麼？

沒錯，你所樂於聽見的內容，就是你對於人生的價值觀。當然，個人的價值觀不會一直固定不變，它會隨著時間與人生經驗而有所調整。個人當下的目標設定，是取決於當下的價值觀。在此建議你，應該從人生的終極目標出發，為自己設下長期目標。比方說，你想在未來五年內完成些什麼？為了避免職場與私領域的目標彼此相互牴觸，請你記得考量，哪一方面具有優先性。畢竟，你無法在夜間進修，又同時希望有更多時間跟家人相處。有了這些長期目標之後，你就可以著手規畫中期目標，例如，未來一年的年度計畫。

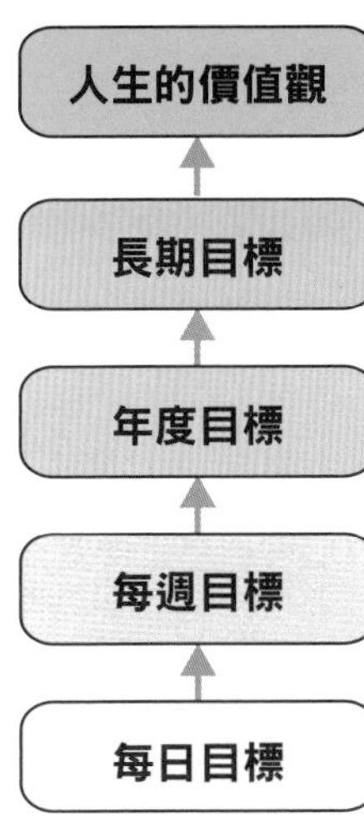

你可以再依據自己的年度目標，訂定出每週的工作進度；然後，再從每週該達成的目標當中，確定每天應該完成的進度。切記！要讓每個層面的目標，也就是短、中、長期目標，彼此環環相扣。所以，每日計畫是每週計畫的一部分，以此類推，每週計畫是年度計畫的一部分……

當你在訂定各個階段的目標時，最重要的是，把這些目標寫下來，有了白紙黑字的具體紀錄，你就比較會接受這些計畫的約束，如果沒有留下文字紀錄，你就比較會耍賴，在執行上無法徹底。德國人有一句俗話：「看不到，就忘記。」如果你現在在找藉口，認為自己沒有時間寫下這些短、中、長期的計畫，那麼你就更要強制自己以書面的方式寫下各個時間層面的計畫。如果你接受我在本書中所介紹的這些高效率的學習方法，並且切實地運用它們，那麼你就可以省下許多時間，不會老是覺得時間不夠用了。請你再想想我在前面提到的那個伐木樵夫的故事。

學習動機的強弱，是由個人的長期目標所決定的。如果你能常常想到自己所設下的長期目標，你的學習動機就會變得很強烈，這時你就已經成功一半了。人類的大腦對於什麼是想像、什麼是實際發生的事件，在反應上並沒有明顯的差別。反而是個人意念的強度與相連動的感官知覺，能對大腦產生決定性的作用。

請你假想一下，現在手裡正拿著一大顆黃色的檸檬，你還用手指去撫摸那微微突起的果皮，然後，你把它放一張桌子上。現在，你拿出一把利刀，把這顆黃色的檸檬從中間切成兩半。這時你會看到，汁液如何從果實中流出，並從刀鋒下滴落。接下來請你把其中被切開的半顆拿到鼻子旁，聞聞它所散發出的酸味。然後，請你開始用手擠壓這半顆檸檬，並感受著黏稠的汁液從你的手中經由你的手臂順勢流下。接著請你用舌頭去舔舔果肉，並用牙齒用力地咬它一下。

以上這些內容完全是憑空想像出來的，你是否充分而密集地用自己的五官去經歷這則與檸檬有關的小故事呢？這時，你的大腦會真以為你喝到了檸檬汁，為了沖淡這些酸液，便命令口腔內的唾液腺分泌唾液。由此看來，我們的大腦確實無法分辨，你是真的咬了一口檸檬，還是只在內心密集地做想像。

在自己的內心勾勒著學習目標達成後的景象，等於是為自己的大腦指出一個明確的努力方向。我們的大腦會傾向於去實現這些訂定出的目標，我們的緣腦也可以藉由這些目標而獲得生存所需的方向感。即使是中期目標，也可以增強一個人努力的動機，現在，你不妨回想一下，我先前提過的「馬拉松效應」。

現在讓我們再回頭談談專注力。我們在前面已經討論過，專注力的高低主要是取決於個人能否集中精神，全心全意地衝刺。不過，話說回來，如果他沒有為自己設定目標，那麼，這些付出與努力都是白費的！

我曾在前面談論過，我們的主觀意識只會注意到所有感官經驗當中的一小部分。你會意識到哪些外在的訊息，這是由主觀意識的選取機制所決定的。請你想像一下，自己處在這樣的情況：為了選購一輛新車，你來到了一家汽車展示中心，最後，你決定要購買一輛紅色車款。當你離開展示中心後，你在街上只會去注意紅色的車子，而且，只要是紅色的東西都會吸引你的注意。如果你在展示中心突然改變心意，想要改買綠色車款，當你離開展示現場後，你會開始將注意力放在綠色車子上面，而且，你在下意識裡只會去注意綠色的東西。這個現象正說明了，當你的目標改變時，你的意識也會很快地改變選取訊息的機制，你會注意到更多與你的目標有關的訊息。

說了這麼多，我希望你現在願意撥出時間，為自己訂出確切的目標。請切記！當你在訂定目標時，不要使用籠統含糊的文字，要盡量把目標具體化以及精細化，並且要給每一項目標精確的檢驗標準。這些具體的目標會增強你努力的動機，但是，你也要懂得務實。人們通常在制定計畫時，會高估自己在一個月內所能達成的進度，卻傾向於低估一年內所能完成的工作量。此外，你還應該為中繼目標以及終極目標訂下達成的時間點。只有確定應該完成的時間，你才能清楚地知道，事情是否真的有進展；而且，沒有什麼會比你完成一個中繼目標更能帶給你繼續努力的動機。

時間分析

個人對於時間的主觀感受，和真正的時間長度經常存在著不小的落差。請你留意一下，自己在哪些事情上花了多少時間。為了分析你目前對於時間的分配情形，並找出你在哪些方面沒有善加利用時間，請你記錄自己在幾天內，在哪些時段從事了哪些活動。請你在做這些紀錄時，盡量不要讓時間紀錄出現空檔，總之，要確實地記錄下所有的活動。

製作這份時間紀錄表時，在紙頁上畫線，把頁面分為兩欄。請在左欄內填入活動項目，右欄則填入活動進行的起始與終止的時間。請別忘了，也要把休息與無所事事的時間也一併填入。換句話說，交代得愈詳細，這張時間紀錄表就能發揮愈大的效用。你將會發現，你已漸漸學會如何建立工作區塊，把相關的事務安排在一起，然後再一口氣完成，並且也能避免不必要的書面作業。

這份時間紀錄表對於有效率的工作安排也很重要。如果你在工作中隨手完成簡短的通知、書信或是打個簡短的電話等等，時間便會在不知不覺中流失。當你把相同性質的事務集中在一個工作時段內做處理，那麼，你只需要準備一次，而且也只需執行一次，你會因此省下不少的時間。如果你願意的話，你還可以把這份時間紀錄表多增一欄，並寫入從事這個活動的理由。你會仔細地考慮，是否真的該花時間進行這些項目，因為你必須在紀錄表上交代理由。

請你分析這張時間紀錄表，把相同的活動歸納出來，並列出你在這些活動上所花費的時間。有沒有哪一項內容讓你感到驚訝？是不是有哪些方面讓你覺得特別顯眼？在分析時間紀錄時，最重要的是，你所做的時間分配是否符合你的學習目標？什麼是你可以改變的？

接下來，請你找出有哪些事情或哪些人會讓你浪費時間？比方說，不速之客、接聽電話、大量的垃圾郵件、噪音、不專心、沒有目標、書面資料堆積沒有經過妥善的規畫、混亂沒有秩序、堆滿東西的書桌等等。當你分析過這些時間紀錄後，你將會知道，哪些干擾因素占掉你最多的時間。這時你該如何處理呢？有兩種方式：不是完全阻絕這些干擾，就是為這些無法避免的干擾規畫出特定的處理時間。

透過這個時間分析法，你將會發現，你對於一天的時間分配與應用更為敏銳，也更有警覺。你比較能夠估算出，某些特定的事情或活動到底該花多少時間，因此，在規畫隔天的工作進度時，你會覺得比較容易。

如果你必須整天密集地K書，運用這種時間分析法，對你的學習而言也很重要。請你花幾天的時間，留意曾出現過的學習干擾。如果你能夠鉅細靡遺地把這些干擾的因素記下來，當你結束一天的學習或工作時，你就可以掌握這些干擾的因素，並且清楚自己在哪些時段的學習最有效率。

有一點會讓你很訝異：自己真正投入工作的時間，其實並不多。當你運用這個方法做時間分析後，你就會清楚地知道，有哪些事情根本就是干擾，不管可避免或是不可避免，它們都會占去你辦正事的時間。你剛開始在使用這個時間分析法時，似乎多了一層負擔，然而，這種方法確實會幫助你節省許多寶貴的時間。你可以在學習時，輕鬆地找到因應的措施，成功地避開主要的干擾源，讓自己在學習時更加專心。

每日計畫

訂定計畫就是為達成目標而做準備。經驗告訴我們，多花一點時間做學習計畫，就能少花一點時間執行，還能獲得比較好的學習成果。你最好能在結束一天的工作後，把隔天必須完成的進度寫下來。當隔天的學習計畫都確定了，心情就會比較放鬆，大腦就可以獲得真正的休息。

⊙ 統合所有該完成的工作項目

請你好好斟酌，隔天要完成哪些工作量。訂定計畫最重要的原則，是把預定達成的目標寫下來。你可以透過文字的書寫，大致掌握隔天應該完成的工作內容，而且，確定的書面文字會讓這些計畫對你產生約束力，並且提升你的自律程度。你已經確定自己每天必須依循的工作準則和具體的目標，現在當你完成一個項目時，要記得在計畫表上打個勾，這個打勾的動作可以明顯地增強你的工作動機。

有了書面的計畫表，你就更能準確地估算每一項工作所需要的時間，而且，你還可以透過這份書面紀錄確實掌控自己的工作進度。如果有些項目無法在當天及時完成，就可以把它們移到隔天的計畫表上，這樣就不會有遺漏了。

當你在訂定學習計畫時，心中要抱持一個最重要的問題：這項學習任務會讓我更接近目標嗎？如果答案是否定的，你就必須放棄這項任務的進行，如果你還是覺得非做不可，花少量的時間就夠了。

⊙ 排定優先順序

既然我們每天的工作量是有限的，我們就必須視任務的重要性，為它們排定先後的處理順序。如此一來，你每天就可以完成真正重要

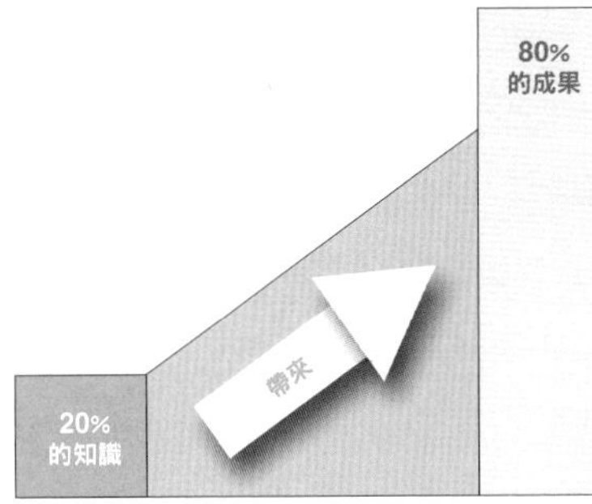

的任務，你所付出的努力會為你帶來最多的收穫。現在讓我們來談談，義大利經濟學家帕列托在十九世紀末發現的一項二十／八十法則，即「帕列托原則」（又譯為「關鍵少數原則」）。當時他在研究國民的資產與收入的模式時發現，社會上最富有的族群所占總人口數的百分比與他們所擁有的財富占全國資產總額的百分比，存在著一致的數學關係。從這項經濟學的調查研究中，他獲得一項結論：百分之二十的人口掌握了一個國家百分之八十的財富。

這項二十／八十法則也適用在人類生活的其他領域：在人們日常的對話中，百分之二十的字彙可以涵蓋百分之八十的談話內容；在大型企業裡，百分之二十的客戶群貢獻了百分之八十的營業額，百分之二十的產品為公司帶來百分之八十的獲利，百分之二十的員工提出了百分之八十的請假單。一項地毯的研究也顯示，百分之八十的磨損只占地毯百分之二十的面積。同樣地，在工作與學習方面，百分之八十的成果是來自百分之二十的付出。當然，「帕列托原則」的重點並不是在於這項百分比的精確性，而是要突顯付出與成果之間的關係不是五十／五十的比例，而是二十／八十。

現在，讓我們再回到學習的主題上。當你準備一項考試時，在全部的考試範圍內找出最重要的百分之二十的內容是很重要的。如果你懂得這個學習竅門，你就有希望可以得到高分。如果你想再多得幾分，當然，你就需要更加努力，連比較不重要的百分之八十的內容也不能漏掉。

我們還可以將「帕列托原則」運用在時間管理方面，因為百分之八十的成果源自我們在百分之二十的工作時間所付出的努力。美國人有一句俗話，「吃掉那隻青蛙」（Eat the frog），意思是說，假如每天一早，你可以先吃一隻青蛙的話（也就是說，挑戰最困難、最不愉快的任務），那麼接下來一天的時間，你的情緒會保持在正面的狀態，因為當天已經沒有什麼事可以難倒你了！如果你可以養成習慣，每天都先把精力投注在自己覺得最困難、最不舒服的任務上，你就可以克服想要逃避困難的推拖心態，這樣一來，你就可以在工作或學習上獲得最大的進展。

通常我們完成一件事，是基於它的急迫性而不是重要性，所以，我們往往會把一件急迫卻比較不重要的任務排在第一位。為了判斷各個任務在處理時的優先性，你不妨採用所謂的「艾森豪原則」，把該完成的事項分成A、B、C三類。美國總統艾森豪所提出的這項原則，是一個很實用的輔助方法，它可以幫助我們判斷哪個任務具有完成的優先性。根據「艾森豪原則」，哪一項任務應該優先完成，完全取決於它的重要性與急迫性。掌握了這兩個基本原則，你就可以評估一件任務在執行上的先後緩急。此外，「艾森豪原則」還把所有的任務分成四種：

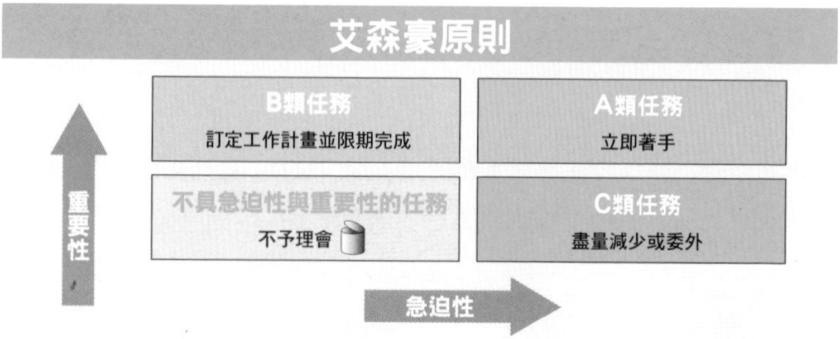

A類任務：兼具急迫性與重要性的任務，而且必須在今天完成。當你在著手這類任務時，會感到壓力與時間的緊急。

B類任務：重要卻不具急迫性的任務。你應該定期撥出時間，分批地完成這類任務的進度，這會讓你距離達成的目標更近。不過，我們往往會因為它不具急迫性，經常好長一段時間都置之不理。為了避免到時出狀況，我建議你，最好能在最後期限之前，提早完成B類任務。B類任務如果遲遲不處理，最後會隨著時間的逼近而變成A類任務，當它轉成A類任務時，你在執行上就會有時間的壓力。

C類任務：急迫卻不具重要性的任務。我們經常會屈從一件事情的急迫性，雖然它的完成不會讓我們更接近自己所設下的各層面的目標。如果可能的話，你應該盡量推託或是拒絕這類事務，好讓自己有時間可以去注意並完成B類任務。

至於那些既不具急迫性也沒有重要性的任務，你大可以放心地把它們擱在一旁，不用去理會它們。

⊙ 時間的安排

你已經為有待完成的工作項目排定出處理的先後順序，現在請你把它們分配到一天的作息表內。如果你曾經針對自己的生活做過幾天的時間紀錄，你就會知道，完成各個項目大約需要多少時間。為每一個任務設定完成的時間，這是很重要的，因為我們總是傾向於把一個工作項目拖到最後一刻，才趕著要完成它。如果預先設定應該完成的時間，那麼，我們的大腦就會善加利用這些被分配到的時間了！

在安排每日的工作計畫時，你還應該考慮自己在一天當中學習效率的消長變化。一個人一整天的學習表現會有起伏的變化，就如同下面這個圖表所呈現的。習慣早起的人，學習效率的消長會比上圖的曲線變化提早一、兩個小時；晚起的人作息時間比一般人還要晚，因此，他們一天內的學習效率的變化也會跟著延後。而且，他們在夜間高峰時段（通常落在晚上八點到十一點之間）的學習狀況會優於上午的高峰時段。

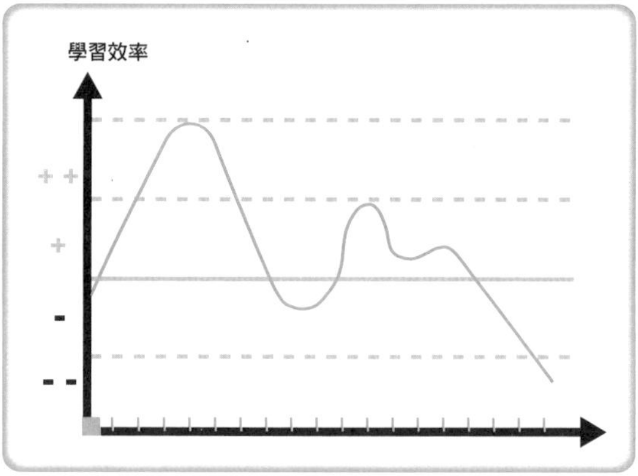

你應該安排幾天的時間仔細地觀察自己，並試著發現自己在一天內學習效率的高低變化。這個步驟對於學習也會產生決定性的影響：新的學習材料如果難度比較高，你就應該在學習效率最高的時段研讀。至於學習效率比較不好的時段，你應該讓自己休息養神，或是複習舊的材料。有些格綠寧學院的學員會用上午時間來完成當天的進度，好讓自己能夠在中午的時間準時坐在書桌前好好休息。

請你將相同性質的事項記在紙上，而且，只針對一天百分之六十的工作時間做規畫。就我們的經驗而言，剩下的百分之四十的時間會自然而然地被其他的事占滿，例如某些無法預期的突發狀況、干擾以及工作上的遲疑與拖延等等。如果你把每日的作息表都做滿檔的規畫，你在實際執行時會碰到阻礙。

準備某些考期還沒到的大考時，最重要的是，要把所有該讀的學習內容先做好時間的分配。比方說，司法官與律師的國家考試至少要有一年的準備時間。如果你也面臨類似的大考，你應該先大致掌握考試範圍的全貌。假設你現在距離考試還有一年的時間，那麼你就應該把這些考試內容均分成十二等分，分配好每個月所應該完成的進度。每逢月初時，也要預先做好時間分配，根據這個月的內容範圍訂出每個星期的讀書計畫表。當一個禮拜開始時，你就必須確定每一天所應完成的進度，以達成一週的目標。如果你能確實按照自己訂定的計畫念書，你等於獲得了可以在一年後達成年度目標的擔保。

先把成堆的學習材料分成好幾個部分，並依照時間的分配，逐步地研讀與複習。如果能像這樣有計畫地準備考試，就不會引起緣腦的不安，當然，心裡也就不會感到慌亂了。

執行

在執行計畫時，最重要的還是這個問題：我現在所做的努力，會讓我更接近目標嗎？如果說，時間管理的前三個步驟主要是著眼於有效性，那麼，我們在執行的階段則是講求效率。你可以藉助正確的技巧，讓自己在執行預定的進度時，省下許多時間。如果這個任務跟學習有關，那麼，你可以在本書中找到許多讓你縮短學習時間，以及在學習過程中讓自己減壓的方法。

你也可以把我在本書中所談到的許多學習技巧，例如心智圖法，運用在討論、專案規畫以及產品研發等方面。在執行的階段，你可以想想所謂的「鋸刀效應」：學習時要心無旁騖，盡量不受打擾，因為，當你被打斷時，就需要花更多的時間與精力讓自己再重新進入狀況。

掌控

一項學習計畫，不該只是經過規畫而且令人覺得安心的學習建議，它還必須具有執行的強制性。當你制定出學習計畫後，必須定期去檢視，自己是否確實達到預定的進度。藉由進度的控制，你可以知道，自己如何一步一步朝著目標邁進。你每跨出一步，也就達成了某個階段，這時你所獲得的成就感會再度強化你的學習動機。此外，你還可以透過進度的監控，持續地確認自己的年度學習目標以及每週應該完成的進度。

當學習狀況比較跟不上計畫時，你反而可以從中學到經驗，做為日後訂定學習計畫的參考。你應該經常檢討自己的學習狀況，是否能把學習項目按照重要性依序做先後的處理？是否把比較瑣碎的事情集中在某個時段一併處理？是否確實解決了干擾學習以及浪費時間的因素？你還要注意，自己是否有時會因為時間的急迫性而在學習上亂了方寸？為了讓自己的學習狀況確實獲得改善，你應該在每天晚上完成一整天的學習之後，針對當天的時間紀錄表進行時間與學習干擾的分析。

力求平衡——•

到目前為止，如果「工作與成就」是你的生活重心，那麼，你應該分出時間與精力在其他方面，不要把高效率的學習所省下的時間繼續用來追求事業的成就。我個人認為，我們必須同時顧及人生的三大領域，並在這些領域之間取得平衡。

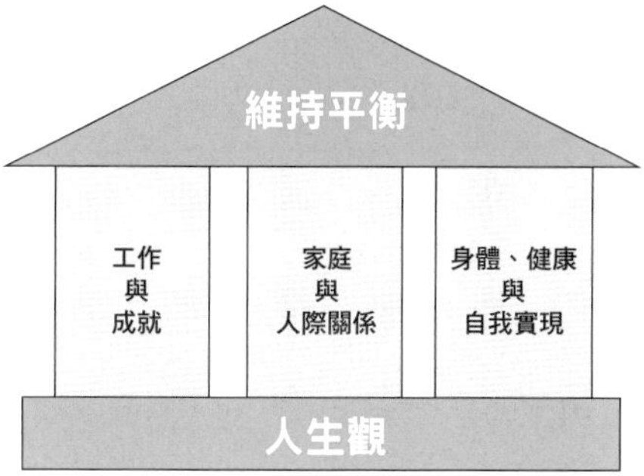

第一個領域是「工作與成就」，它與你個人的專長、職業、事業成就以及金錢息息相關。如果你過分看重這方面的表現，而沒有時間去經營其他兩個領域，那麼，你遲早在這方面無法繼續有所表現。如果你患有「慢性疲勞症候群」，經常出現永無止盡的倦怠感，很可能是因為你忽略了其他兩個領域的投入與經營。

第二個領域是「家庭與人際關係」，這方面包括友誼與關係網絡的建立。曾有研究指出，社會關係網的連結，是個人在面對壓力時最好的防護機制，擁有較好的人際關係，抗壓性也會比較強。

第三個領域是跟「身體、健康與自我實現」有關。我在前面已經說過，要能掌控自己的身體，才能適時地讓自己進入放鬆狀態。當然，這還包括其他能讓你放鬆身心與恢復疲勞的活動，此外，營養而均衡的飲食也屬於這個範圍。

無論如何，人生的價值觀必須建構在這三個領域上。請你試著回想我提過的那個想像自己八十歲的生日聚會的方法。許多人認為這三大領域就是人生的意義，然而，對於某些人而言，除了這三個領域之外，宗教信仰也很重要。

在此建議你，往後應該盡量兼顧所有的領域，不要過分投入某方面而讓自己處在失衡的狀態。該如何預防失衡的狀況呢？你可以好好地思考，每個禮拜要投入多少時間在哪些個別的領域。你可以將下面這個圓形圖表按照比例切割成三份：家庭、個人與工作。

如果你想變動其中的比重，你就應該再好好地斟酌自己想要扮演的人生角色的輕重順序。扮演人生的角色，就是負責任地達成這三個領域對你所做的要求。比方說，當你在扮演丈夫、兒子、爸爸、上司、同事、社團領導人、網球的球友、公司董事會的董事、團隊的主管、朋友、教父、業餘的養鴿人時，你所必須承擔的責任。現在，請你用心智圖法完整地呈現出你必須扮演的各種人生的角色。

有些人生的角色是你必須扮演的，比方說，為人父母的角色。然而，你卻可以推掉讓你感覺不舒服而且耗神費時的角色，例如，你非得在社團中擔任會議記錄嗎？你應該好好地檢視自己的角色扮演，有些角色往往會搞得你人仰馬翻，而你卻不自知。

請你找出七項你認為最重要的人生角色，並請切記，你所選定的角色必須能夠涵蓋所有的人生領域，而且，不要超出這個數量，因為，過多的角色扮演會讓你顧此失彼。你應該為每個人生角色設下努力的目標，如此才能讓自己持續地保持在平衡狀態，讓人生的發展符合自己的期待。請你賦予每個人生角色一項B類任務（根據「艾森豪原則」，B類任務屬於重要卻不具急迫性的任務），在你的時間計畫當中，每個星期至少要花一個小時進行每一項B類任務，如此，你就可以維持人生角色的平衡。

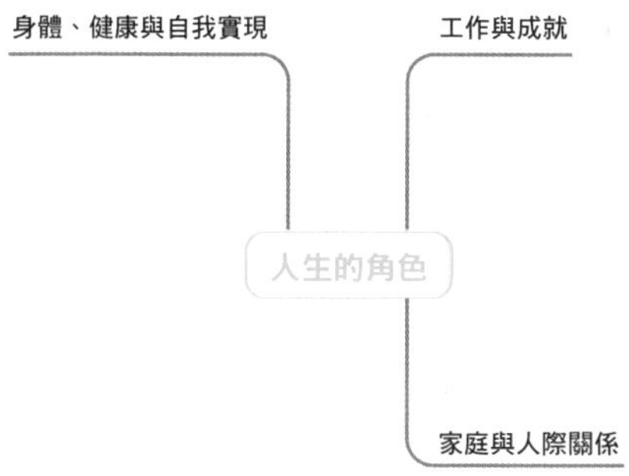

現在，讓我們把討論的重點從時間管理的話題再轉到學習過程方面。究竟我們可以透過哪些方法，讓舊的知識訊息能被隨時取用而不被遺忘呢？

⑥ 規律的複習

相信你曾有過這種學習的挫折經驗：一直努力地吸收資訊，沒多久卻發現，自己已經不記得大部分的學習內容。似乎只要新的訊息一進入大腦，舊的東西就會跟著自動消失。學習動機與專注力，必須受到資訊從記憶庫不斷流失的挑戰，根本談不上能有什麼學習樂趣。針對資訊儲存的問題，在此建議你實行有計畫的複習工作，如此一來，你的大腦就可以留住大部分學過的內容。當你成功地提升自己的記憶力時，你就可以在需要取用這些知識訊息時，隨時從記憶庫裡把它們提取出來，你的學習態度也會變得很有自信。

現在讓我們再回到那個人類記憶的三個訊息儲存庫的模型。我們已經知道，傳入大腦的訊息在進入長期記憶庫被永久儲存之前，必須先通過第一層篩選資訊的濾網，並且要面對短期記憶儲存量有限的問題。現在，讓我們來談談，如何讓進入短期記憶庫的訊息轉成永久儲存的訊息。我在前面已經說過，大腦的短期記憶庫會藉由個體的RNA密碼完成各種感覺訊息的暫時物質性複製，不過，這類複製在短時間過後便會開始崩解。至於如何將這些暫時複製轉入長期記憶庫？這時就需要藉由RNA密碼合成永久性的基質蛋白，也就是感覺訊息的永久複製。這就是大腦的訊息能被永久儲存的化學基礎。

持久的記憶

能引發大腦產生持久性記憶的化學反應，主要是取決於一個訊息所帶給人們的印象強度。由於我們的腦部負有確保我們生存的任務，所以，我們必須從經驗當中學習如何避開危險。比方說，如果你年幼時曾經被灼熱的電爐燙到，這個經驗訊息就會一直留存在你的大腦記憶庫當中，不會流失。你不需要為了讓自己能記住這項足以威脅生存的危險，而再經歷一次類似的灼傷經驗。美國前總統甘迺迪被暗殺以及九一一事件都是這方面很好的例子，這些撼動人心的事件都讓人們留下了深刻的印象。

要在學習時，讓自己對於研讀內容產生如此深刻的印象，只能透過五種感官途徑。然而，在比較廣泛的知識領域裡，要把所有的學習資訊密集地用各種感覺經驗來加深印象是一件很難的事。因此，藉由複習來記住學習內容是很重要的。如果沒有正確的複習方法，那些根據個體的RNA密碼所完成的各種感覺訊息的暫時物質性複製，早就隨著時間消解，根本無法在腦部進一步地合成永久性蛋白質。為了讓你接受這一套複習系統，日後能在正確的時間點如期地完成複習，在這裡我還要介紹一項關於學習過後記憶消長的科學研究，供你參考。

人類記憶的規律性

有科學研究指出，人類對於學習內容的記憶力，會在短暫休息過後轉強，這項研究結果與一般人的想法剛好相反。這是由於學習者在休息期間，新進的知識會在大腦裡與舊知識產生連結。所以，間歇性學習會比持續性學習吸收到更多的知識。不過，接下來大腦對於新訊息的保存力會迅速地衰退。如果從新訊息進入大腦的時間點開始計算，學習者會在二十四小時內忘記其中大約百分之八十的細節內容。

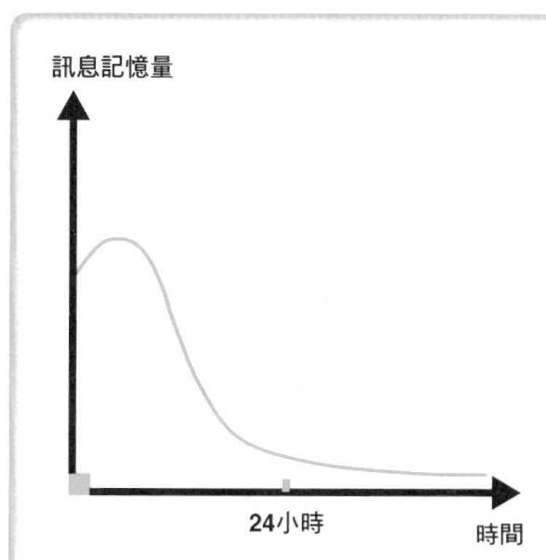

當然，這個數據只是一個平均值，它會依照個人的學習能力、個人對主題既有的了解，以及內容印象的深淺而定。新訊息如果沒有跟記憶庫的舊訊息進行串聯，就會從大腦不斷流失，增加未來在學習上的困難。如果你的大腦記憶庫儲存的資訊元素愈少，能提供新訊息的附著點也就愈少，新資訊的儲存也就比較困難。相反地，如果你的知識愈豐富，你在學習新知識時，就會覺得愈輕鬆，因為學習者對於新資訊的理解力與吸收力，與他在這個領域曾獲得的核心知識息息相關。請你現在試著回想我在前面所介紹過的學習曲線。

定期的複習

我們可以透過正確的複習方法，來避免學習內容自記憶庫大量流失。藉由一套反覆複習的方法，我們可以把傳入大腦的新資訊牢牢地留在記憶裡，也就是說，把記憶力維持在短暫休息後的那種顛峰狀態。

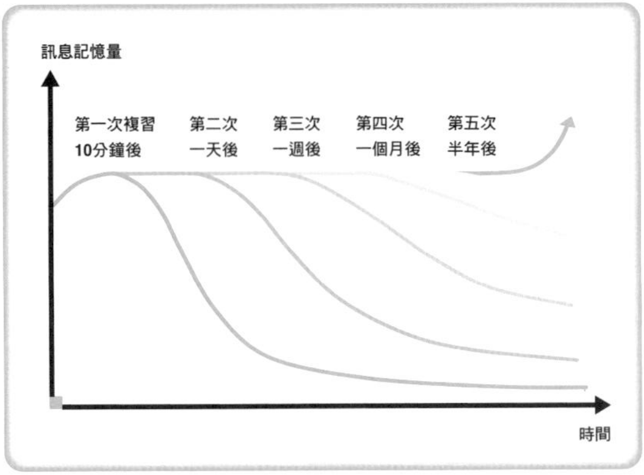

有一個關於大腦記憶力的比喻：當天空剛下雨時，雨水濛濛地下著，並沒有在山坡上留下明顯的痕跡。下第二場雨時，雨水經過同樣的路徑流到山坡下，這時，我們可以看到地面出現了好幾條溝槽。後來陸陸續續下的幾場雨，會再加深並加寬這些既有的溝槽，讓它們看起來更為醒目。

學習資訊就跟這些雨水一樣，必須在同樣的路徑走上好幾次，才能在腦細胞之間逐漸形成一條明確的通路。有鑑於此，我們應該趁著資訊尚未從記憶流失之前，即時地做複習。由於人類的記憶會在短暫休息過後，達到最佳狀態，所以我們應該在一個學習時段開始之前，先複習前一個時段所讀過的內容，這就是第一次複習。我剛剛提到的那項科學研究還指出，當資訊經過第一次複習後，人對於這些學習內容的記憶力就可以持續一天維持在顛峰狀態。當然，隔天就應該進行第二次複習，讓這方面的記憶力保持不墜。經過第二次複習之後，人們對於這些學習內容的記憶力可以再延長約一個星期。所以，第三次複習應該在隔週進行。下一次的複習，也就是第四次複習，則是在一個月過後。當你重複四次的複習之後，這些知識已經停留在你的長期記憶庫裡。現在，你只要偶爾給予刺激便可，因此，我在此要鄭重地建議你，應該把研讀過的材料每隔六個月瀏覽一次，這就是第五次複習。

你不一定要花很多的時間進行複習 。如果你知道如何用心智圖做筆記，你就可以在短時間內快速完成必要的複習，讓自己達到最高的學習效率。

如果你願意再多下一點功夫的話，在此建議你，不妨在結束一天的工作之後，針對一整天學過的內容進行一次統整的複習。在這時所進行的複習，效果會特別顯著，因為大腦會在我們睡眠時處理這些訊息。

在整晚的睡眠當中，人們通常會經歷四至五次的睡眠週期，每個週期的時間長度大約是八十分鐘。每個睡眠週期主要是由「深睡期」以及「做夢期」這兩個階段所組成的。我們的腦細胞會將白天所吸收的學習資訊，在睡眠的「做夢期」做整理與建構，因此，這些無意識的大腦活動，在學習上扮演著特別重要的角色。我們在入睡前所讀過的學習主題，特別會影響我們的夢境，如果我們能在就寢前把這些內容再複習一遍，就能留下特別深刻的記憶。

我曾在關於學習理論的書籍裡看到這樣的學習建議：在晚上睡覺時，反覆不停地播放學習錄音帶。這種睡眠學習法，是學習專家參考睡眠方面的研究成果所發展出來的。他們著眼於人在「做夢期」仍可以察覺到外在的聲響，甚至經常把這些聲響整合入自己的夢境當中，因此他們便認為，睡眠學習法是一種可行的學習方式。其實，在睡眠時播放這類錄音帶，對人體是有害的，它們不只造成睡眠的干擾，還有礙大腦把白天所獲得的知識與經歷在睡眠時做進一步的整合。一般說來，我們在白天的休息時段所發生的事，也會在夢境中重現。

關於睡眠方面，還有另一個面向也很有意思。在我所開設的學習訓練課程上，學員常不斷重複地提出這個問題：酒精對於大腦的資訊儲存，會不會產生什麼樣的影響？當然會有影響！如果你喝酒，隔天起床出現頭痛、胃痛的症狀，坐在書桌前用功時，專注力自然會減低。而且，你比較記不住前一天所學習過的內容。因為人們如果在睡眠時，血液帶有高度的酒精含量，就無法進入深睡的狀態，白天所傳入大腦的訊息所留下的印象，就無法按照一般的程序做全面的處理，而是只做局部的處理。此外，如果有人某天睡眠不足，其實是無法在隔天用較長的睡眠來補足的，而是要用較深層的睡眠。

⊙ 沒有安排複習時間的動機？

人在學習時，總是傾向於趕進度。你如果把時間拿來學習新的材料，會覺得這一天過得很積極，而且很有意義，雖然，你心裡很清楚，花時間複習是絕對必要的。你如果把可以運用的時間全部用在新知識的學習上，這是不智的做法，因為，過不了多久，你又把它們忘得差不多。在此建議你，至少要把四分之一的時間投資在複習舊材料上，儘管你只剩下四分之三的時間可以用來學習新的東西，增加學習的進度，但是，長遠看來，你可以獲得最好的學習成效。更何況心智圖筆記可以讓你做快速的內容複習，替你省下不少的時間。總之，你應該清楚地知道，複習與不複習的學習過程有什麼差別。

有些人在學習時會定期做複習，有些人則不會。如果你去比較這兩種類型的學習者在學習上所花費的精力以及所獲得的學習成效，會覺得很有意思。不做複習的人不斷地塞給大腦新的資訊，但是又很快地把它們忘記了。這類學習者會覺得吸收新的訊息愈來愈困難，因為，在他們的大腦裡，用來理解相關領域的基本知識並不存在，無法連結這些新的知識。相反地，定期做複習的人知識存量一直在擴增，因此，可以輕鬆地吸取並處理新知識。

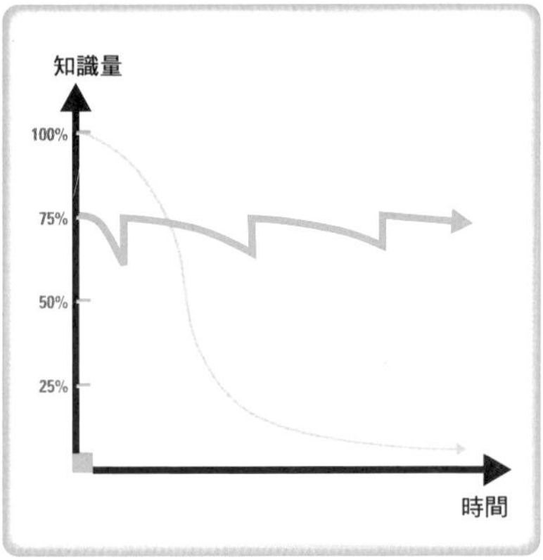

我們應該如何進行定期的複習呢？我在下面會介紹一套我所設計的複習系統，它可以讓你周全地準備考試。不過，對於那些為了在職進修，或是私人嗜好而學習的人，這套複習系統似乎不太值得他們投入這麼多的時間與精神。我認為，即使你無法依照這套複習系統所規範的時間點及時進行複習，你還是要讓自己養成多次複習學習材料的習慣，並且盡可能地接近預定複習的時間點。如果你在念書時，會把學習材料按照大腦運作的模式做處理，你就不一定要做這麼多遍的複習。此外，如果經由五種感官傳入大腦的資訊留下比較強烈的印象，這時你也可以減少複習的次數。這種情況就好比一個調節器：一方面是複習的工作，另一方面是資訊所留下的印象。對訊息的印象愈深刻，你所需要的複習次數就會比較少。反之亦然。

如果你的學習需要比較長的時間才能完成，或者，你為了準備一項大考而必須長期備戰時，你就應該盡可能按照規畫的時間點定期做複習。請不要讓相關的知識曲線往下過度滑落，一旦這條知識曲線往下掉落太深，要再把它拉到先前的顛峰狀態就會更難，所需要的時間也就更多。

就連企業界在對自己的員工做內部教育訓練時，也應該注意資訊複習的重要性。現在企業界的領導階層愈來愈意識到，學會「學習技巧」，對於員工的進修以及企業管理方面有許多實質的貢獻。發明心智圖法的英國學習專家博贊先生曾用一道算術題來說明，複習資訊對於公司營運的重要性：一家公司如果支出五十萬歐元為員工做教育訓練，然而，其中百分之八十的內容卻在二十四小時後被受訓的員工們所遺忘，這就如同這家公司在一天內燒掉了四十萬歐元。當然，情況並沒有這麼糟糕，因為在教育訓練的課程當中，員工對於新的知識領域的理解力也獲得了提升。不過，如果我們單就企業內部的員工在受訓過後所能掌握的資訊及知識做考量，博贊的這項數學運算是正確無誤的。

只要能夠配合人類記憶的規律，定期做複習，我們就可以記住大部分我們所學習過的五花八門的資訊。那麼，該如何實行這套複習方法呢？我們或許可以使用記事本，專門用它來登錄什麼時候該達到什麼樣的學習進度，而且，什麼時候該對這些內容進行複習。不過，這種使用記事本的方法幾乎無法讓所有讀過的內容能毫無遺漏地在正確的時間點進行複習。

許多學習專家會建議學習者使用一種內含五個層格的資料夾做複習。每複習一次，就把這些心智圖筆記往下移一格，當它們移到最後一個層格時，就表示，已經完成了所有複習的程序。然而，我認為，這種做法並不符合有效複習的規律性，因為，學習者無法正確而及時地在某個時間點複習某些學習資料。在同一個層格內，可能有前一天、前兩天甚至是一星期前複習過的筆記摘要混雜在一起。如同我在前面所指出的，複習的效果不只是在複習本身而已，它還必須能在正確的時間點上執行。

如果你在某方面的知識曲線過度下滑，也就是說，讓它們自大腦的記憶庫大量流失，你日後就必須花費更多的時間，才有辦法讓這條知識曲線重新上升到顛峰狀態。此外，我還要再次提醒你，使用卡片做筆記無法讓你達到有效率的知識管理。不管是學業上的需要或是在職進修，用A4大小的紙張製作心智圖筆記，會讓學習效果增強許多。

使用複習專用的檔案夾

以下是我自行設計的一套複習系統，你如果使用我所建議的複習專用檔案夾，就可以順利地讓你回想起學過的資訊與教材內容。（可上格綠寧學院網站查詢：www.verlag-gruening.de）

這種複習專用的檔案夾裡面有十二層，以一星期為一個週期，週間的每個工作日可分到兩層，也就是說，與星期一該完成的複習內容有關的「星期一（A）」與「星期一（B）」，與星期二的複習進度有關的是「星期二（A）」與「星期二（B）」，以此類推，最後兩個層格是「週末（A）」與「週末（B）」。

當你在閱讀下面的使用說明時，請不要被這些文字弄糊塗了。其實，當你在使用這種檔案夾時，會覺得實際的操作比閱讀這些說明文字還要容易許多。

現在讓我們假設，你在星期一開始坐在書桌前念書學習，並且把學習內容的結構與其中的關鍵詞製作成一張張的心智圖筆記。你可以在休息過後，要進入下一個學習時段時，把上一個時段所整理出的心智圖筆記再看過一遍，或者，你也可以在一天的念書時間快要結束時，把一整天所整理出的心智圖筆記再看過一遍，這樣一來，你就完成了第一次複習。

第二次複習是在隔天進行。星期一完成的心智圖筆記在經過第一次複習過後，就要把它們放入檔案夾的「星期二（A）」這一層內。同樣地，你在星期二所繪製的心智圖筆記在經過當天的第一次複習過後，就要把它們放入檔案夾的「星期三（A）」這一層內，以備在星期三時再做第二次複習。如果你念書的時間跟一般人一樣，是從星期一到星期五，那麼，你在星期五所完成的新筆記就必須把它們放入檔案夾的「星期一（A）」這一層內；雖然，相關的第二次複習不是在隔天進行，而是隔了一個週末，在時間上有些遲延，不過，在週末擁有空閒的時光還是很重要的。

如果你在某一個學習主題上沒有製作心智圖，而只是在腦海中畫出內容結構圖，那麼，你至少必須在筆記紙上寫下該內容範圍的關鍵詞，以利於日後能快速做複習，並且，請你把這張寫有關鍵詞的筆記，連同當天所完成的心智圖，一起放入複習檔案夾所屬的層格內。再次提醒你，不要用全句的文字做筆記，因為這種筆記法會降低你對學習內容的記憶力。我在前面已經討論過，這方面的能力取決於內容重點的關鍵詞。

當你隔天，也就是星期二，又在書桌前用功時，會在檔案夾的「星期二（A）」這個層格內找到你在前一天所做的筆記摘要。你這時再複習一遍，等於順利地完成第二次複習。

如果你知道，自己在一天當中的哪些時段處於學習的顛峰與低潮的狀態，你就可以利用學習效率較差的時段進行複習的工作。當然，精神好的時候應該用來研讀新的學習材料。

當你完成第二次複習時，你必須將「星期二（A）」裡面的筆記移到「星期二（B）」，以備一星期過後，也就是下個星期二進行第三次複習。在這個複習用的檔案夾裡，每個工作日都分配到兩個層格，（A）與（B）裡面的筆記分別是為隔日與隔週的複習所設計的。

當你將「星期二（A）」裡面的筆記移到「星期二（B）」時，「星期二（A）」就可以空出來，讓你放置你在前一天所做的新筆記。當你做完當日、隔日以及隔週的複習時，你等於已經完成了最重要的複習工作。在未完成這三次的複習之前，我們學到的新知識隨時都會流失，無法做有效的儲存。我所設計的這個複習專用檔案夾，就是在幫助你做前三次的內容複習。至於接下來的第四次複習與第五次複習是否能達到更好的有效性，就端看你個人的意願與努力了。

第四次複習是在一個月後進行。把一個星期內已經完成第三次複習的筆記聚集在一起，然後大約四個星期之後再把它們拿出來做第四次複習。為此，你還需要一個容量較大的檔案夾，並請用分頁紙將這個檔案夾分為四層。原先放在檔案夾的「星期二（B）」、「星期三（B）」、「星期四（B）」以及「星期五（B）」各層內的筆記，在經過第三次複習之後，統統都要移入檔案夾的第一個層格內；如果你在週末也發憤用功的話，那麼連「週末（B）」的筆記資料也要一併放入檔案夾的第一個層格內。

第四次複習屬於隔月複習，複習的範圍以一週為單位，因此，下一個星期完成的第三次複習的所有筆記，就要放入檔案夾的第二個層格內……以此類推。四個星期過後，檔案夾的四個層格都被放滿了，接下來，就要把第一個層格的筆記資料拿出來，讓位給第五個星期所完成的第三次複習的所有筆記，然後，你必須淨空第二個層格，準備把第六個星期所完成的第三次複習的所有筆記移入……以此類推。按照這個步驟，你就可以把一週內已經完成第三次複習的所有筆記內容，準確地在四個星期過後，也就是一個月過後，完成第四次複習。

由於第四次複習的範圍是一週的筆記量，需要比較久的時間，所以，你必須在一星期當中特別規畫出某一天的某段時間，進行這方面的複習工作。當你完成第四次複習時，你應該把這些涵括不同知識領域的筆記資料，放入另一個檔案夾內，並按照主題與領域做好分類。其實，你早就掌握了這類主題檔案夾的內部結構，因為，你已經在學習的第一階段「資料的瀏覽」藉由心智圖筆記的製作，而獲得整個知識領域的全貌以及各個次領域的梗概了。例如，你現在可以試著回想那張關於繼承法各個重點部分的心智圖。

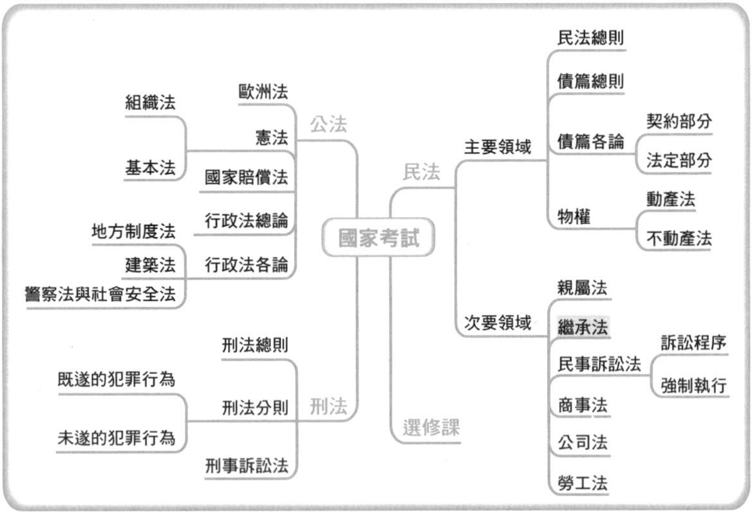

如果你是法律系學生，你不妨把那張涵蓋所有法學領域和國家考試範圍的心智圖放在檔案夾的第一頁，做為內容的導引。

現在，你可以依照下面這張繼承法的內容綱要，有系統地把所有關於繼承法的心智圖筆記放入繼承法專屬的檔案夾內。

如果你能繪出這些檔案夾的主題梗概，當你在複習裡面的筆記資料時，就可以輕鬆掌握，自己正在閱讀的筆記內容屬於哪個知識領域。你還會知道，在學業或職業上，有哪些領域的知識還必須補足。

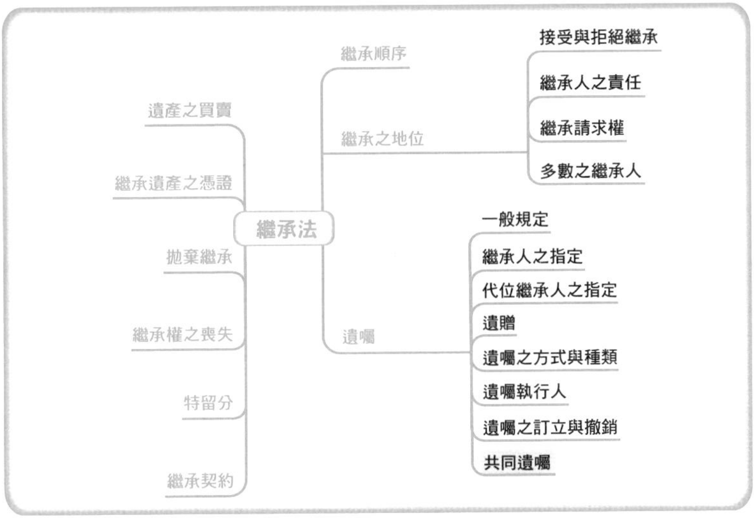

所以，當你在進入檔案夾裡面的細部訊息前，必須先為這些檔案夾建立內部的資料結構。

你應該每半年複習一次所有檔案夾裡面的筆記資料，這就是第五次複習。心智圖的特點是可以讓你做快速複習，因為，裡面的內容重點在空間的安排上具有結構性，符合大腦處理訊息的模式，當你經過幾次的複習，已經熟悉心智圖的內容時，往往只需朝樹狀圖的中心點瞧一眼，就可以回想起所有內容的細節了！這個檔案夾可以視為衡量知識的準繩，你可以藉此做自我知識的檢測，是否已經在哪些方面掌握了許多知識，在哪些領域的知識量還不足夠，需要再做補足。

下面這張心智圖可以概括地呈現學習資訊如何經過複習專用檔案夾，最後依照其內容性質編入檔案夾內。

現在你應該很有自信，自己已經可以牢記學過的資料內容，而且，你還可以在必要的時候，隨時取用它們。

⑦ 更多的感官訓練

我曾在前面提過，還有一些其他的方法可以訓練我們的感官知覺，提高我們的記憶力與專注力。下面這個視覺聯想的技巧，主要是用在如何記住別人的臉孔與姓名。在日常生活中，我們有很多機會可以做這項練習。

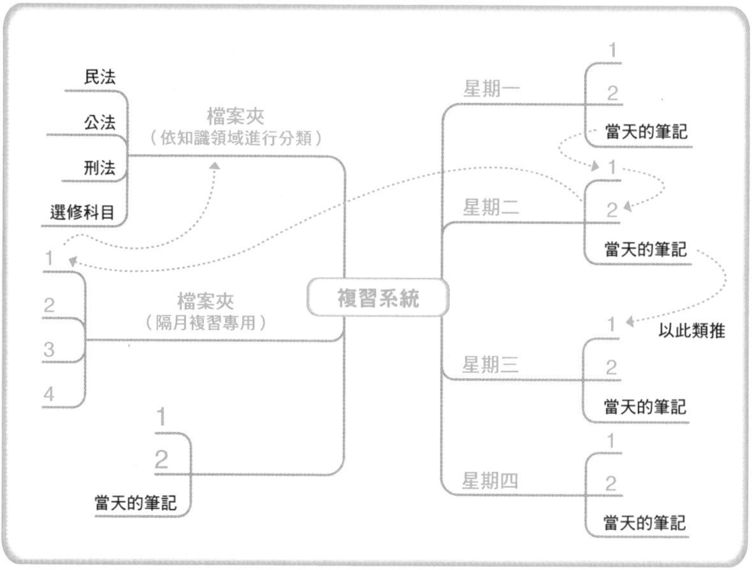

姓名與臉孔

根據問卷調查的結果，一般人普遍認為，記憶力不足所造成的頭號困擾是無法記住別人的姓名。很多人會為這個問題替自己想出一個合理化的理由：反正我就是不太能記住別人的名字。

事實上，這方面的能力根本和個人的記憶力無關，而是腦力有沒有被充分開發的問題。曾有學習專家針對能在短時間內記住許多姓名的人士進行記憶力分析。現在，我會逐步地為你介紹這些研究成果，不過，你不一定要把這些方法步驟用來記住每一個新的姓名。這個章節主要是討論感官訓練的方法。如果你想要提升各種感官的敏銳度，那麼，你可以用下列的方式做自我的訓練。

當你要把一個人的姓名與臉孔做連結時，首先，你必須正確無誤地記住他的名字。當別人在告訴你他的姓名時，你應該留意聽，並且要注意它的發音，如此一來，你就可以把這個語音留在耳邊。必要時，請你再問一次對方的姓名，這不只會讓人覺得你很有禮貌，還會增加你跟對方的互動，同時幫你把對方的姓名複習一次。此外，你在跟對方交談時，還可以趁著適當的時機，多次地稱呼他，讓自己多增加幾次複習的機會。

接下來，請你注意對方的特徵，特別是臉部。請你仔細觀察，對方有沒有哪些部位，像鼻子、耳朵與嘴唇等，會特別引起你的注意？當你在回想一個人時，是否他濃密的眉毛、鬈髮或是下巴的鬍子等等會立刻浮現在你的眼前？這種方法可以訓練你的觀察能力，請你把自己當成一位諷刺漫畫家，盡可能地把這些個人的特徵誇張化。只要你肯花時間做練習，不用太久，你就會發現自己可以很容易找出一個人的特點。

如果你一時無法找出對方的臉部特徵，也可以考慮從其他方面下手。對方或許紮了一條很醒目的領帶，或是戴著一頂引人注意的帽子，你還可以把焦點鎖定在他的眼鏡、耳環或脖子的項鍊上，雖然這些裝扮上的特點可能不會在下次碰面時出現。你今天碰到一位頭髮紅得發亮的女士，隔天她可能就變成了金髮女郎，所以，這些細部的特徵只是一個訊息累積的起點。當你在跟對方聊天當中，你會不自覺地把這個外表特徵和對方其他相關的訊息連結起來，例如他的音色、體態、大致的年齡、外表整體的印象等等。所以，發現對方的特徵，是記住與他個人相關的訊息的第一個步驟。

下一個練習，是要請你根據每個人的姓名聯想出一幅清楚的圖像。有些人的姓名比較具象，可以讓你直接聯想到某些視覺畫面，不須費神苦思。例如，如果有一位王先生向你自我介紹，你可以把王這個姓聯想成一個戴著皇冠的國王；如果是林小姐，你可以把她跟一座樹林串聯在一起。如果對方的姓名比較抽象，無法讓你直接產生視覺的聯想，這時不妨把這個姓名跟某些名人或周遭熟人的姓名湊在一起。（注：例如如果有人的名字當中有「鳳」這個字，你就可以利用歌星鳳飛飛的招牌造型，想像對方帶著一頂帽子，手裡拿著麥克風的模樣。）

換句話說，你可以善用這個視覺聯想的原則，記住許多人的姓名。經過一段時間的累積，當你一看到或一聽到許多姓名時，你的腦海中就會立刻浮出相關的圖像。如果你事後要回想這些姓名時，你就可以透過這些令人印象深刻的視覺特點，順利地從大腦中取出這些與姓名相連結的圖像。此外，如果你持續做這項練習，你的創造力也會獲得提升，在做視覺聯想時就會更加順利。（注：有鑑於德文與中文方塊字的差異甚鉅，譯者在此並未譯出作者在德文原著上所引用的例子，而是根據原例，自行以中文姓名做編寫，以供讀者參考。）

那些天生就很會記憶人名的人，其實是在一種不自知的狀況下，使用這些記憶的技巧。他們在直覺上已經習慣這些記憶技巧的使用流程，所以，使用特定的圖樣去記憶人名對他們而言是很自然的事。這些記憶人名的高手在受訪時也都表示，他們並不清楚自己是用了哪些技巧或步驟去記住別人的名字。

根據這些與記憶有關的研究成果，我們已經知道，如何逐步改善自己對於人名的記憶力。我在前面曾提過，有些人經過速讀訓練後，就成了速讀高手，同樣地，記憶方面的訓練也可以達到相同的成效。有些人在接受密集的記憶技巧訓練後，就展現了不可思議的記憶能力，特別是在美國，常常有記憶高手在電視節目上表演：一個大廳坐滿了超過五百人，表演開始時，每個人都短暫起立，報上自己的姓名，然後再坐下。等到所有人都報過姓名後，現場的記憶高手就開始按照順序地說出每個人的姓名。如果你對這位奇才的個人背景稍有了解的話，你會知道，這個人起先對於人名並沒有特殊的記憶力，而且，情形可能恰恰相反：他們大部分都是因為記憶力不佳，為了想要改善這方面的能力，才想要學會記憶的技巧。

你應該把這個記憶法視為一種遊戲性質的感官訓練。我們相信，每個人只要經過足夠的感官訓練，就可以擁有這種記憶能力。現在你不妨選出一些人名，開始進行這方面的記憶訓練。經過練習之後，你將會發現，自己可以毫無問題地記住這些姓名。你將不會再因為無法記住某人的姓名而對自己惱火不已。如果你真的想不起某人的姓名，你這時可以提醒自己，那幅與人名連結的圖像是什麼？或許這個人名當時對你並不重要，不過，讓自己知道在任何時候都能記住人的姓名總是好的，你在心理上會覺得比較泰然自若。

記憶術

我們經常在電視上看到，有人能當場記住一疊紙牌的內容或是一長串的數字。觀眾會誤以為，這些人天賦異稟，才會擁有這些驚人的記憶力。其實，只要透過下列我所提出的幾種系統性的記憶方法，每個人都可以學會這類記憶術的把戲。

要把這些記憶術用來學習龐雜的知識領域，只能獲得有限的成效。當你看到有些書籍在示範這類記憶術時，你應該不要理會這些吹噓的言詞，因為，這些方法無法讓你得心應手地處理比較複雜的知識主題。不過，人如果要使用這些記憶術記住條列式的訊息內容時（例如一張購物清單），這些記憶技巧就能發揮很好的效果。

我曾有一段時間負責訓練準備參與記憶錦標賽的競賽者，而且還同時在培訓期間測試人類記憶力的極限。我發現，人類的記憶系統仍是以學習的兩個重要的基本原則為基礎：第一，使用「聯想」的技巧，試圖把新進的資訊整合入既有的知識網絡；第二，投入所有各種感官知覺，也就是運用所謂的「共感覺」，如此一來，記憶方法的學習同時也成了訓練感官的最佳方式。當我們掌握這兩項基本原則時，這些記憶術就會變成我們的無意識能力。

圖像化的數字表

「圖像化的數字表」是利用阿拉伯數字的形狀做圖像聯想，它是一種數字記憶法。我們可以把1到10這十個數字當做串連新進訊息的主軸，在應用這個技巧之前，我們必須賦予每個數字一個相稱的圖像，好讓人能從這些數字當中引發相關的視覺聯想。

比方說，我們可以把1想成是一根棍棒，把2當成是一隻天鵝。如果把數字3向左轉九十度，它看起來就會像孩童筆下所畫的一隻鳥。數字4會讓我們想起一艘帆船，5則比較像一架單輪腳踏車（通常會在馬戲團表演時派上用場）。數字6的造型像一只哨子，7像一面旗子。我們還可以把8想像成一個雪人，9是連著長鼻的象頭，10則可聯想成一胖一瘦的明星搭檔「王哥與柳哥」。當然，一個數字不是只能做單一種圖像聯想，你還可以把數字1當成一支蠟燭或一支鉛筆，把7想像成一面山壁；你也可以把數字8聯想成一組雲霄飛車或是一個沙漏。

請你反覆練習，記住這十個數字所衍生出的圖像，直到你對於內容很純熟，每當想到某個數字時，腦子裡便會自動地浮現出相關的圖像，或者，當你看到這些圖像時，會有相關的數字自動地伴隨出現。只要你願意，你也可以使用學習卡片來幫助自己做這方面的記憶練習。在紙卡的一面寫上數字，另一面則畫上相關的圖像。只要經過短短幾分鐘的練習，你就可以熟記哪個數字是搭配哪個圖形，然後，你就可以開始使用這個記憶法了。

假設你想記住最近這十任日本首相的姓名。現在，就讓我們從一九九一年宮澤喜一就任日本首相開始。（注：作者在德文原著上所引用的例子是最近這十屆美國總統的姓名。由於英文為拼音語言，與中文的方塊字差異甚鉅，譯者改以同樣使用漢字的日本為例，自行編寫，以供中文讀者參考。）

請你將這些日本首相的姓名，按照前後就任的順序，分別與上面十個數字的圖像結合在一起。以下為示範：

依照到任次序，以第一位日本首相宮澤喜一為例，為了將棍棒1與宮澤做連結，你可以試著虛構出這樣一幅圖像來輔助自己的記憶：一座宮殿旁有一處沼澤，沼澤中間插著一支棍棒。當你投入自己的視覺感官時，就可以加深大腦對這則訊息的印象，往後就不會忘記這個曾出現在腦海中的圖景。

①.	宮澤 喜一	1991
②.	細川 護熙	1993
③.	羽田 孜	1994
④.	村山 富市	1994
⑤.	橋本 龍太郎	1996
⑥.	小淵 惠三	1998
⑦.	森 喜朗	2000
⑧.	小泉 純一郎	2001
⑨.	安倍 晉三	2006
⑩.	福田 康夫	2007

第二位是細川護熙，你可以發揮想像力，想著一隻代表數字2的天鵝在一條細細的河川中游來游去。羽田孜則是排行第三位的日本首相，你可以虛擬一隻鳥（也就是數字3）掉落一些羽毛在一片田地上的影像，來記住這個訊息。首相村山富市名列第4，相關的視覺影像可以想成是，一艘帆船的風帆上畫著一處山間的村落。第五位首相是橋本龍太郎，你可以自己想像一下，代表5的單輪腳踏車被放在一座橋的橋墩（橋的根本部位）旁。第六位首相叫做小淵惠三，你不妨假想一下，有一個哨子（6）浮在一小潭深水（淵）的中央。森喜朗是第七位日本首相，你可以虛構一座森林裡插著一支旗子（7）這樣的景象。接下來是第八位首相小泉純一郎，你可以想像著，山裡的某處湧出一處小泉水，旁邊還站著一個堆好的雪人（8）。至於最近這兩任的首相安倍晉三與福田康夫則因為記憶猶新，所以不需自行虛擬影像來輔助我們的記憶。

如果你不只想記住最近這十任的日本首相，而是自十九世紀明治維新以來，歷任九十二位日本首相的姓名，那麼，這十個圖像化數字可能就不敷使用，這時，你就需要下面這張顏色表。當我們為這十個圖像化的數字分別添上九種顏色時，這九十九個圖像化數字，就可以成為具有前後順序關係的記憶附著點，供我們使用。

以下這些顏色的數字代表十位數。那麼，該如何記住這些與顏色相關的數字呢？方法很簡單，你只要把上面那十個圖像化的數字加上相同數字的顏色，就可以很容易地記住這些顏色所代表的數字了。

①. 黃色	④. 綠色	⑦. 黑色
②. 白色	⑤. 銀色	⑧. 紅色
③. 咖啡色	⑥. 藍色	⑨. 粉紅色

比方說，你可以把代表1的棍子想成黃色；代表7的數字是一面黑色旗子，你還可以把它聯想成一面海盜旗。當你已經能夠熟記這些顏色所代表的數字時，請把這張顏色表與前面的圖像化數字表結合在一起。這十個數字所衍生出的圖像依舊不變，從十一開始，十位數就是各個顏色所代表的數字，例如，23是一隻白色的海鷗；56是一只銀色的哨子；70則可以聯想成穿著黑色西裝的王哥與柳哥等等，依此類推。

⊙ 位置記憶法

在本章的最後，我要介紹所謂的「位置記憶法」。這種方法是把要記憶的訊息與自己熟悉的場所或實物做圖像連結。早在古羅馬帝國時代，有些著名的雄辯家，例如，西塞羅就經常使用這種記憶法，他們當時完全不需小抄的提示，就可以進行數小時的公開演說。

你可以在心裡先選出一種空間的安排順序，例如，平日上班的路徑，然後你必須選定一些令你印象深刻的商家、建築物、公家機關或景點做為這條路線上的標誌站。當你在心裡經過多次的回想與複習，已經可以記住這些沿途的標誌站時，你就可以開始使用這種「位置記憶法」了！現在，你可以把你為一場演講所整理出的關鍵詞，或者我前面提到的十位日本首相的照片，按照時間先後的順序，分別與上班路途的各個標誌站連結在一起。

除了上班的路途外，你也可以把路徑改成穿巡自己的住家空間，在客廳以及每個房間裡選出幾件擺放的家具或用品，做為這個行經路線的記憶重點。當你從這個空間選出愈多重點物件時，你就擁有愈多可以讓新訊息附著的依附點。如果你的公寓太小，沒有太多的房間與物品可以讓「位置記憶法」好好地發揮時，你不妨在腦海裡想像出一座自己期待已久的夢幻城堡，你可以因應記憶材料的數量，逐漸增加城堡中的的廳室與物件。如果想記住整套紙牌的排放次序，與每張紙牌的內容時，你就必須把每張牌有系統地圖像化，然後，再把這些圖像按照堆疊的順序，依次與自己設定的路線的重點物件聯想在一起。最後，當你必須按照正確的順序說出這些紙牌的內容時，這些物件就會在你的腦海中依序出現，相關的紙牌圖像就會跟著浮現出來，這時你就可以輕鬆而清楚地想起這些紙牌的內容與順序了。

我認為，「位置記憶法」是一種精進感官的訓練。當你學會這項技巧時，你等於身邊帶著一疊無形的便條紙。其中，最簡單、最方便的「位置記憶法」就是以自己的身體部位做為記憶的路線。我在下面這張圖表中選出十個身體部位，並按照上下順序進行排列：

①. 頭髮	④. 手肘	⑧. 臀部
②. 嘴巴	⑤. 手	⑨. 膝蓋
③. 脖子	⑦. 腹部	⑩. 腳
④. 肩膀		

比方說，你可以在慢跑時使用這張身體圖表。當你在慢跑時，如果想到有些事必須處理時，就可以發揮聯想力，把這些事情依序與這些身體部位發生連結，這樣就可以把它們一直牢記在心裡，完全不需要紙筆做記錄。舉個例子來說吧。當你在跑步時，突然想到自己有一份工作報告已經遲交，後來，你又想到，為了做口頭報告，你急需一支書寫投影片的專用油性筆，還有，要趕快報名想要參加的網球課程等等。這時，你就可以使用「位置記憶法」，運用身體部位的排列順序，牢記這三件事情：你可以把自己的頭髮想成一叢碎紙條，大開的嘴巴不見上下兩排的牙齒，而是一小支的油性筆，脖子上則掛著網球拍手把上的鍊子。當你跑完步，就可以按照身體部位的上下順序，自大腦提取聯想出的相關畫面，把這些有待完成的事情毫無遺漏地用紙筆記下來。

當你在主持討論課時，如果學員一連提出五個問題，你也可以運用這個記憶法當場記住這些問題，而且，不會出現任何的疏漏。你可以把每個問題歸納成一個關鍵詞，然後再把這五個關鍵詞按照提問的順序，與上面那張列表的各個身體部位做連結。等提問完後，你就可以依序地回答這些問題。

除此之外，「位置記憶法」的記憶路徑也可以由桌上的物品組成。當你在講電話時，你可以把談話的重點和書桌上的物品聯想在一起，來幫助自己記憶談話內容。當你掛上電話後，只要再看看這些擺放在桌上的東西，就可以重新想起對方在電話中說了些什麼。事實上，我們可以找出無數的方法來訓練自己的記憶力。你可以透過這些訓練方法，不斷地提升自己的記憶力，並且還要讓這些記憶法成為你的無意識能力。總之，只要勤做練習，你的記憶力自然而然會變得很好，完全不需要刻意使用訓練記憶的花招與特別的竅門。

4

學習流程的第四階段：

資訊的取出與運用

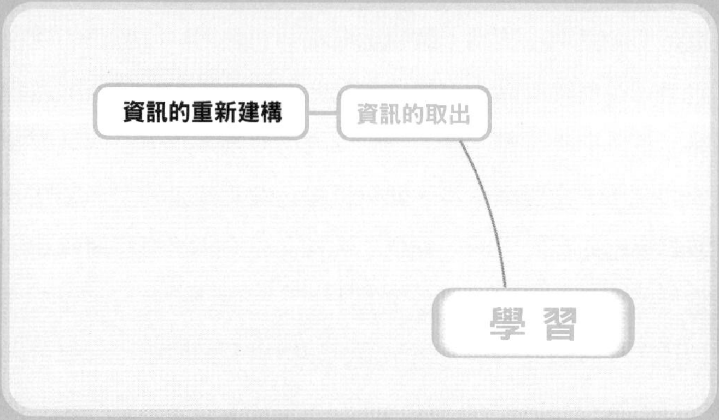

資訊的取出與運用

到目前為止，我在本書中都在討論學習者如何建構新知識的方法。現在，我們來到一個整體的學習流程的第四階段，在這個最後的階段，我要探討新知的重新建構。當你來到這個階段時，你就可以清楚地看出，新進的資訊在前三個學習階段是否獲得恰當的處理。如果你在前面幾個階段都能落實我在學習方面的建議，那麼，你就可以胸有成竹地應付每一次的考試、口頭報告以及其他學習方面的挑戰，因為，在這些需求資訊的關鍵時刻，你都能及時提取這些儲存在你大腦中的訊息。

為了讓自己的表現能達到一定的水準，你還必須注意臨場技巧的訓練。如果你準備參加一項考試，那麼，你就必須學會掌握筆試的技巧與箇中的竅門。如果評分的標準在於口頭報告的表現，你就必須掌握關於修辭與論證的基本知識。

知識的運用是無止境的。我相信，本書的讀者已經懂得什麼時候可以把存入大腦的資訊提出來使用，以及如何取出這些訊息。在此，我謹祝福每一位讀者，在學習方面能夠順利、成功！

The Eurasian Publishing Group
圓神出版事業機構
用心與你對話．視野無限寬廣
究竟出版社
Athena Press

http://www.booklife.com.tw

第一本 019

讀書別靠意志力——風靡德國的邏輯K書法

作　　者／克里斯迪安・格綠寧
譯　　者／莊仲黎
發 行 人／簡志忠
出 版 者／究竟出版社股份有限公司
地　　址／台北市南京東路四段50號6樓之1
電　　話／（02）2579-6600・2579-8800・2570-3939
傳　　真／（02）2579-0338・2577-3220・2570-3636
郵撥帳號／19423061　究竟出版社股份有限公司
總 編 輯／陳秋月
資深主編／李美綾
責任編輯／王妙玉
美術編輯／黃若軒N2Design
行銷企畫／吳幸芳・周羿辰
印務統籌／林永潔
監　　印／高榮祥
校　　對／李美綾・王妙玉
排　　版／陳采淇
經 銷 商／叩應有限公司
法律顧問／圓神出版事業機構法律顧問　蕭雄淋律師
印　　刷／祥峰印刷廠
2009年9月　初版
2022年4月　43刷

定價 260 元　　ISBN 978-986-137-115-3

閱讀，是人類得力最多的訊息來源。

我認為，教你如何有效吸取知識的知識，也就是關於學習方法的知識，可以讓你獲得更多的力量。

——克里斯迪安・格綠寧《讀書別靠意志力》

國家圖書館出版品預行編目資料

讀書別靠意志力：風靡德國的邏輯K書法 /克里斯迪安・格綠寧（Christian Grüning）著；莊仲黎 譯. -- 初版. -- 臺北市：究竟，2009.09

192面 ；14.8×20.8公分. --（第一本；19）

譯自：Garantiert erfolgreich lernen: wie Sie Ihre Lese- und Lernfähigkeit steigern

ISBN：978-986-137-115-3（平裝）

1. 學習方法 2.讀書法

521.1　　98012201